スポーツを頑張る子どもにエール！

はるはるママの栄養満点ごはん

数あるレシピ本の中から、この本を手にとってくださりありがとうございます！

私は競泳選手として13年間過ごした中で、高校時代にアスリート食や栄養学に興味を持ちました。今では、アスリートフードマイスターの資格を取得して、高校生と中学生の息子2人が、大好きなサッカーに思いっきり挑んだり、試合で最高のパフォーマンスができるよう、日々の献立作りに励んでいます。

献立を毎日ブログにアップするようになってから、同じ思いを持ったお母さんがたくさんいるのだと、あらためて実感しました。

本書は、スポーツを頑張る子どもの日常や状況に合わせて、何を食べてほしいかを考えた、献立の本です。

1章は、アスリートだけでなく、皆さんに毎日食べてほしい、栄養バランスを考えた献立。

2章は、鉄分やカルシウムなど、不足しがちな栄養素を集中して摂取するための献立。

3章は、試合前など、エネルギー量を確保したいときの献立。

4章は試合後、疲労回復やコンディションを整えるための献立です。

巻末には、このレシピ本に出てくる料理を使った、献立組み換え表をご紹介しています。

今の体はこれまで食べてきたものでつくられ、未来の体は今食べているものでつくられていきます。だからこそ、バランスよく食べなければいけません。この本が、頑張っているすべての子どもアスリートへの、食事作りのヒントになればうれしいです！

はるはる

はるはるママの献立 3 箇条

1 **五大栄養素を意識した
誰もがうれしいバランス献立**

体に必要な五大栄養素（炭水化物・脂質・たんぱく質・ビタミン・ミネラル）をまんべんなく取り入れた食事が、健康維持には欠かせません。いろいろな食材を少しずつ組み込むと、相乗効果で栄養素の吸収を高めることがあります（鉄分とビタミンCなど）。

2 **子どもたちの
体調・練習・試合に合わせた
今必要なごはんを作る**

元気にスポーツができるよう、必要な栄養素を取り入れた食事作りを心がけます。さらに、ハードな練習の日、疲れて食欲がないとき、試合前、試合後の食事など、子どもの体調や状況に応じた献立を立てるようにしています。

3 **苦手な食材・料理も
食べてもらえる工夫をする**

子どもには、食べることがどれほど大切なことかをしっかりと理解してもらいたいと思っています。「嫌いだから作らない」「苦手だからいらない」ではなく、好きなものと苦手なものをうまく献立に組み込んで、一口でも食べさせる努力を。また、味覚の幅を広げるため、さまざまな味付けになるよう工夫しています。

スポーツに欠かせない！
知っておきたい五大栄養素

エネルギーになる

炭水化物

炭水化物はエネルギー源で、体を動かす基礎になります。炭水化物が不足したまま運動するとスタミナが切れ、集中力が低下してケガを招きやすいので注意。筋肉をつくりたい場合はたんぱく質も一緒に摂取しましょう。

食材例：ごはん（米）、パン、めん類、餅、いも類、砂糖など

エネルギーになる

脂質

脂質はエネルギー効率の高い栄養素。ホルモンの原料になり、体内のさまざまな生理作用を調節しています。不足すると疲労、体力低下、免疫機能低下などに。過剰な脂質は中性脂肪に変わり、体脂肪として蓄積。とりすぎると肥満や動脈硬化のリスクが高まります。

食材例：植物油、マヨネーズ、バター、肉や魚の脂、ナッツなど

体をつくる

たんぱく質

筋肉、内臓、爪、髪などを構成する成分。ホルモンや免疫細胞をつくる働きがあります。また、糖質が足りなくなると、体内のたんぱく質がエネルギー源として使われてしまいます。その結果、筋肉が減少してしまいます。

食材例：肉、魚、卵、大豆製品、乳製品など

体の調子を整える

ビタミン類

体の機能を正常に維持するために不可欠。血管や粘膜、皮膚、骨などの健康を保ち、新陳代謝を活発にします。特にビタミンCはさまざまな栄養素との組み合わせで、アスリートに必要な吸収を高めるなどの働きがあるので、毎日とりましょう！

食材例：緑黄色野菜、淡色野菜、果物、レバー、青魚など

**骨や歯をつくる
体の調子を整える**

ミネラル

ミネラルには、カルシウム、鉄、ナトリウム、カリウム、亜鉛、ヨウ素などがあります。骨・歯など体の組織を構成したり、体の働きを助けたりする、アスリートには不可欠な栄養素です。体の中でつくりだすことができないので、食べ物からの摂取が必須とされています。

食材例：海藻、牛乳、乳製品、小魚など

「食べる」ことも強くなるためのポイント
勝利に近づく食生活

欠食は筋肉を壊してしまう原因！

欠食は栄養不足、エネルギー不足のもと。血糖値が低下して脳にエネルギー源となるブドウ糖が行き渡らず、思考能力や活動に支障をきたします。集中力が欠け、やる気も出ません。また、朝食は抜いてしまいがちですが、体のタンクが空の状態で朝練習をすると、筋肉を壊してエネルギーとして使われてしまうため、体へのダメージ大！

炭水化物は全体の6〜7割必要！

1日を通して、主食、主菜、副菜をバランスよく食べることが大切です。アスリートは、エネルギー源となる炭水化物を、全体の6〜7割必要としています。メインのおかずは、体に効率よく取り入れられる良質なたんぱく質（肉類、魚介類、卵、牛乳、大豆製品など）を意識し、副菜は野菜や海藻が多くなるように！

むくみや夏バテは果物を食べて解決！

果物に多く含まれるカリウムには、体内で増えすぎた塩分を尿として排出してくれる働きがあります。ビタミンや糖質も補給できるので、朝食や間食を利用し、意識して食べられるといいです。特に柑橘系の果物は、年間通して購入しやすく、オススメです。

間食で、足りない栄養素を「補う」！

3食の食事の中では、栄養素もエネルギー源も充分に補えないことがあるため、補食を上手に利用します。間食だからといって甘いものなどに偏らないよう、足りない栄養素を取り入れて。不足しがちな栄養素を補うというふうに考えるようにしてください！

目次

> **この本の使い方**
> ＊計量単位は、大さじ1＝15ml、小さじ1=5ml、1カップ＝200ml、1合＝180mlです。
> ＊電子レンジの加熱時間は600Wの目安です。500Wの場合は1.2倍で計算してください。機種によって時間は多少異なる場合があります。
> ＊オーブントースターの加熱時間は機種によって多少異なる場合があります。
> ＊材料の野菜のg表示は、およその目安です。

はるはるママがよく使う！

お手軽栄養満点食材

本書でよく登場する、
栄養いっぱいの野菜や肉を
それぞれの働きとともにご紹介します。

玉ねぎ
ビタミン類
（ビタミンB群）
スタミナ増強・血液サラサラ作用

ほうれん草
ビタミン類（β-カロテン）　ミネラル（鉄）
貧血予防・風邪の予防

キャベツ
ビタミン類　食物繊維
（ビタミンC、U）
免疫力の強化・整腸作用

にんじん
ビタミン類
（β-カロテン）
風邪の予防

かぼちゃ
炭水化物　ビタミン類
（β-カロテン・ビタミンC、E）
エネルギー源・風邪の予防

ピーマン
ビタミン類
（β-カロテン・ビタミンC）
夏バテ防止・疲労回復

じゃがいも
炭水化物　ビタミン類
（ビタミンC）
エネルギー源・美肌効果

チーズ
たんぱく質　ミネラル
（カルシウム）
丈夫な骨や歯をつくる

ひじき
ミネラル　食物繊維
（カルシウム・鉄）
骨や歯をつくる
貧血予防・整腸作用

大根
ビタミン類　食物繊維
消化促進

しめじ
ビタミン類　食物繊維
（ビタミンD）
カルシウムの吸収促進
整腸作用

鮭・さば・さんま
たんぱく質　脂質
（DHA）
脳の活性化

鶏肉
たんぱく質
筋肉をつくる・疲労回復

豚肉（赤肉）
たんぱく質　ビタミン類
（ビタミンB1）
疲労回復・エネルギーになる

牛肉（赤肉）
たんぱく質　ミネラル
（鉄）
貧血予防

栄養マークの下（　）は、その食材に多く含まれている栄養成分です。

第1章

毎日食べたい！
栄養バランスのいい
献立

アスリートでもそうでなくても、五大栄養素がそろった健康的な
食事が大切です。この章では、栄養と味のバランスを考えた献立
を紹介します！

アスリートである子どもには、食に関心を持ち、「何のために食
べるのか」「今、何を食べればいいのか」をきちんと考え、大切さ
を理解した上で、しっかりと食べる努力ができるようになっても
らいです。そのために、母としてサポートできるのは、日々の食
事をバランスのとれた内容に組み立てることだと思っています。

この章で大切な栄養素

・炭水化物	エネルギーになります。スタミナと持久力の元です。
	（ごはん、じゃがいもなど）
・脂質	エネルギーになり、体温を保つ働きもしています。
	（オリーブ油、アボカド、バターなど）
・たんぱく質	筋肉をつくります。（鶏肉、豚肉、鮭、豆腐など）
・ビタミン	体の調子を整え、風邪を予防します。
	（ブロッコリー、かぼちゃ、にんじんなど）
・ミネラル	丈夫な骨や歯をつくったり、体の働きを助けます。
	（しらす、チーズ、わかめなど）

ビタミン、ミネラルを強化して、体調は絶好調！
甘・辛・酸味をまんべんなく取り入れて♪

甘辛チキン献立

• MENU •

甘辛チキン

大根と水菜のしらすサラダ

かぼちゃとブロッコリーの
ヨーグルトあえ

なすの南蛮漬け

豆腐、わかめ、長ねぎのみそ汁

ごはん

P 献立のPOINT!

・鶏むね肉、しらす、ヨーグルトでたんぱく質をしっかり摂取し、**筋肉をつくります**。

・β-カロテンが多い緑黄色野菜の温野菜は、皮膚などの健康維持を助けます。ビタミンC豊富な
　水菜などの生野菜と、しらすのカルシウムなどで元気モリモリに！

・**濃い甘辛味**の主菜を**さっぱり味**や**ピリ辛味**、**甘めの副菜**が引き立てます。

甘辛チキン

皮を取り除いた鶏むね肉は、高たんぱく、低脂肪の優秀食材。
疲労回復効果もあってアスリートにマスト！

材料（4人分）
鶏むね肉…2枚（500g）
塩、こしょう…各少々
片栗粉…適量
玉ねぎ…½個
パセリ…適量

A
トマトケチャップ
　…大さじ4
酒、水…各大さじ2
砂糖…小さじ5
コチュジャン…小さじ4
サラダ油…大さじ1

作り方
❶むね肉は皮を除いて、フォークで何カ所か刺し、繊維に沿って一口大のそぎ切りにして、塩、こしょうをふり、片栗粉をまぶす。玉ねぎは薄切りにする。
❷フライパンに油を熱し、中火で❶のむね肉を焼く。片面が焼けたらひっくり返し、玉ねぎを上にのせて、ふたをして焼く。
❸肉に火が通ったら一度混ぜ合わせ、Aの合わせだれを回しかけて全体にたれが絡むように煮詰める。
❹皿に盛り、パセリを刻んで散らす。
＊レタスなどを添えて。

> POINT●むね肉は下ごしらえをきちんとして、蒸し焼きにすればパサつかずやわらか。ごはんが進む大好評おかずです。

なすの南蛮漬け

なすはポリフェノールたっぷりで血流をよくします♪
赤唐辛子が代謝を高め、むくみを取ります。

材料（4人分）
なす…3個
小麦粉…適量
A
しょうゆ…大さじ1
砂糖…大さじ1

A
酢…大さじ1
おろしにんにく…小さじ⅓
おろししょうが…小さじ⅓
赤唐辛子の小口切り…適量
サラダ油…大さじ3〜4

作り方
❶なすは一口大の乱切りにし、小麦粉をまぶす。
❷フライパンに油を熱し、中火で❶のなすを揚げ焼きして油を切る。
❸ボウルにAを合わせ、❷を加えて全体を混ぜ合わせる。

> POINT●なすは加熱するとたくさん食べられます。
> 濃いめの味で保存もきき、作り置きおかずに便利です♪

大根と水菜のしらすサラダ

くせのないドレッシングだからいろいろと
使い回しがききます。お好みの旬の野菜をサラダに！

材料（4人分）
大根…4cm
水菜…1束
しらす…30g

A
ごま油…大さじ2
しょうゆ…小さじ2
酢…小さじ2
おろしにんにく…少々
白いりごま…大さじ1
刻みのり…適量

作り方
❶大根はせん切りに、水菜は3〜4cm長さに切り、合わせて水につけ、しっかり水切りする。
❷皿に盛り、しらすをかける。
❸Aを合わせてドレッシングを作り、❷にかけ、のりを散らす。

かぼちゃとブロッコリーの
ヨーグルトあえ

β-カロテン豊富な2強野菜！　ヨーグルトと
クリームチーズでカルシウム補給も。

材料（4人分）
かぼちゃ…250g
ブロッコリー…½株
クリームチーズ
　…30〜40g

A
プレーンヨーグルト
　…大さじ1
マヨネーズ…大さじ1
粒マスタード…小さじ½
塩…少々

作り方
❶かぼちゃは一口大の乱切りにし、耐熱皿に並べてふんわりラップをかけ、600Wの電子レンジで3〜4分、竹串を刺してスーッと通るぐらいまで加熱する。
❷ブロッコリーは小分けにしてゆで、水けをしっかり切る。クリームチーズは小さく切る。
❸ボウルにAを混ぜ合わせ、かぼちゃ、ブロッコリー、クリームチーズを加えてざっくり混ぜたら、味をみて、足りなければ塩をふる。
＊お好みでブラックペッパーをふってもよい。

> POINT●まろやか味は箸休めとして、お弁当のおかずにも。
> ヨーグルトは無糖で！

魚介や豆腐などでまとめた肉なしDAY。
和食中心でごはんが進み、エネルギーもしっかり確保！

鮭とじゃがいものガリバタ炒め献立

•MENU•

鮭とじゃがいものガリバタ炒め

ツナとひじきのごま酢あえ

えびと豆腐の塩あんかけ

切り干し大根のゆずこしょうサラダ

大根、油揚げ、わかめ、にんじんのみそ汁

ごはん

献立のPOINT!

・低脂肪で食物繊維もたっぷりとれる和食は、ふだんから食べたいバランス献立の代表です。乾物、海藻を加え、ビタミン、ミネラルも充分にとれるように。

・魚介類が多い献立でも、バターやガーリックなどを加え、子どもが好む味付けと組み合わせになるように考えました。

鮭とじゃがいものガリバタ炒め

ビタミンEを含み、細胞の老化を予防する鮭に、
にんにくの風味が食欲を増進させます。

材料（4人分）
生鮭…4～5切れ
　｜塩、こしょう…各少々
　｜小麦粉…適量
にんにくのみじん切り
　…1片分
じゃがいも…小2個
グリーンアスパラガス…3～4本
しめじ…½パック
　Ａ｜しょうゆ…大さじ2
　　｜酒…大さじ1
　　｜みりん…大さじ1
サラダ油…大さじ1
バター…20g

作り方
❶じゃがいもは洗って、ラップに包み、600W
の電子レンジで5～6分加熱。縦6等分に切り分
ける。鮭は2～3等分に切り、塩、こしょうをふり、
小麦粉をまぶす。アスパラは斜め切りにし、しめ
じはほぐす。
❷フライパンに油を熱し、鮭、にんにくを入れて
焼き、アスパラとしめじも加えて炒める。
❸火が通ったらじゃがいもを加え、Ａの合わせだ
れを回しかけて煮絡め、最後にバターを加えて火
を止める。
＊レモンをしぼってもGOOD。

ツナとひじきのごま酢あえ

ひじきは食物繊維があり、腸の働きを整えます。
疲労回復効果も抜群な副菜です。

材料（4人分）
乾燥ひじき…5g
玉ねぎ…½個
きゅうり…1本
ツナ缶（オイル漬け）
　…1缶
　Ａ｜しょうゆ…大さじ1
　　｜酢…大さじ½
　　｜ごま油…大さじ½
　　｜砂糖…小さじ2
　　｜白すりごま…適量

作り方
❶ひじきは水でもどし、水けを切る。玉ねぎは薄
切りにし、水につけて辛みを取り、水けを切る。
きゅうりは斜め薄切りにしてからせん切りにし、
ツナは油切りする。
❷ボウルにＡとツナを入れて合わせ、ひじき、玉
ねぎ、きゅうりも加えてざっくり混ぜ合わせる。

えびと豆腐の塩あんかけ

胃腸にやさしい食材&味。食欲がないときに最適です。
高たんぱく、低脂肪でダイエットにもオススメ。

材料（4人分）
冷凍むきえび…200g
絹ごし豆腐…1丁（300g）
ブロッコリー…1株（200g）
　Ａ｜水…2カップ
　　｜顆粒鶏ガラスープの素
　　｜　…大さじ1
にんにくのみじん切り
　…1片分
ごま油…大さじ1
塩…少々
水溶き片栗粉（片栗粉
　大さじ1＋水大さじ1）

作り方
❶冷凍えびは解凍して水けを切る。ブロッコリー
は小分けしてゆでる。
❷フライパンにごま油を熱し、にんにくを炒め、
香りが出たらえびを炒める。
❸❷にＡ、一口大に切った豆腐を加え、ひと煮立
ちしたらブロッコリーも加える。
❹塩を加えて味を調え、水溶き片栗粉でとろみを
つける。

> POINT ● 消化がいいので、帰宅が遅い日の晩ごはんにも。

切り干し大根のゆずこしょうサラダ

食物繊維が多い切り干し大根はカルシウムも豊富。
酢を入れたら疲労回復効果もアップ。

材料（4人分）
切り干し大根…30g
きゅうり…1本
ツナ缶（オイル漬け）
　…½缶
にんじん
　…2～3cm（20～30g）
コーン水煮缶…大さじ4
　Ａ｜しょうゆ…大さじ1
　　｜酢…大さじ½
　　｜砂糖…大さじ½
　　｜ごま油…小さじ1
　　｜ゆずこしょう
　　｜　…小さじ⅓～

作り方
❶切り干し大根は水につけてもどし、きれいに
洗ってから水けを絞る。
❷きゅうりは斜め薄切りにしてからせん切りにし、水
けを切る。にんじんもせん切りに、ツナは油切りする。
❸ボウルにＡとツナを混ぜ、切り干し大根、きゅ
うり、にんじん、コーンを加えてよく混ぜ合わせる。

> POINT ● 切り干し大根は食感を残すため、短時間でもどし、
> しっかり水けを切ること。ゆずこしょうの量はお好みで。

子どもが食べやすいスティック状のおかずがメイン。
チーズがたっぷりでカルシウムも充分！

豚アスパラの
スイチリチーズソース献立

献立のPOINT！

・洋食は野菜不足になりがちですが、**生野菜**のほか、**温野菜**をたくさん使ってしっかり量をとれるようにしました。

・**豚肉はアスリートが積極的に**食べたい食材。スイチリ＋マヨネーズ＋しょうゆで食べやすく！

豚アスパラのスイチリチーズソース

豚肉は、糖質をエネルギーに変えてくれる大切な役目が。
疲労回復にもGOOD☆

材料（4人分）

豚ロース薄切り肉
　…12枚（220g）
｜塩、こしょう…各少々
｜小麦粉…適量
グリーンアスパラガス
　…1束

ピザ用チーズ…50g
A｜
　スイートチリソース
　　…大さじ6
　マヨネーズ…大さじ3
　しょうゆ…小さじ1
サラダ油…大さじ½

作り方

① アスパラは太いものであれば縦半分に切り、2〜3等分に切る。

② 豚肉に塩、こしょうをふる。枚につきアスパラを2〜3本ずつおいて巻き、小麦粉をまぶす。

③ フライパンに油を熱し、②を入れてふたをし、最初は中火で、途中から火を弱めて焼く。

④ 豚肉がしっかり焼けたらAのたれを加え、全体に絡める。

⑤ チーズをかけ、再びふたをして、チーズが溶けたら火を止める。

＊あればパセリを添える。

> POINT ● 洋風でもしょうゆを加えたことで味がしまり、ごはんにマッチ。お弁当にも♡

彩り野菜とたこのサラダ

低脂肪のたこはビタミン・ミネラルが
豊富で、ダイエットにも向きます。

材料（4人分）

水菜…4株（80g）
きゅうり…½本
トマト…中1個
たこ…1本（100g）

A｜
　オリーブ油…大さじ2
　しょうゆ…大さじ1
　おろしにんにく…少々
　粒マスタード…小さじ1
　酢…小さじ2

作り方

① 水菜は食べやすく切り、きゅうりは小口切りに、トマトは小角に切る。たこはそぎ切りにする。

② Aを合わせ、ドレッシングを作る。

③ 野菜はすべて水けを切り、たこと合わせて皿に盛る。ドレッシングをかける。

アボカドのクリチ春巻き

高たんぱくなささみを揚げ焼きして
エネルギーもしっかり摂取します。

材料（4人分）

アボカド…1個
ささみ…3本
クリームチーズ
　…50〜60g

春巻きの皮…小さめ10枚
塩、こしょう…各少々
粒マスタード…小さじ1
サラダ油…大さじ3〜4

作り方

① アボカドは半分に切り、種を除いて皮をむき、1cm角に切る。ささみは筋を取り、1cm角に切る。クリームチーズは小さく切る。

② ボウルに①、塩、こしょう、粒マスタードを混ぜ合わせ、春巻きの皮で包む。

③ フライパンに油を熱し、②を揚げ焼きにする。

> POINT ● 粒マスタードが味のポイント。メインのスイチリソースのソースをつけて食べてもおいしいです♪

ミネストローネ

野菜は加熱して量をしっかり確保。
ちょっと食べたい補食や朝ごはんにもピッタリ。

材料（4人分）

キャベツ…5枚（250g）
玉ねぎ…½個（100g）
にんじん…3cm（30g）
さやいんげん…2本
ウィンナーソーセージ
　…4本

A｜
　水…4カップ
　顆粒コンソメスープ
　　の素…小さじ3
　トマトケチャップ
　　…大さじ4
オリーブ油…小さじ2
塩…少々

作り方

① キャベツ、玉ねぎ、にんじんはざく切りに、いんげんは斜めに薄く切る。ソーセージは薄切りにする。

② 鍋にオリーブ油を熱し、①を炒める。

③ Aを加え、野菜がやわらかくなるまで煮込んだら、最後に塩で味を調える。

> POINT ● マカロニを加えると、おなかが満たされます。

苦手な子も多い青魚を食べやすく。
乾物や缶詰めを使った和食メニューです！

さんまのピリ辛焼き 献立

• MENU •

さんまのピリ辛焼き

具だくさん巾着

切り干し大根とわかめの
めんつゆあえ

長いもとツナのサラダ

ほうれん草、玉ねぎのみそ汁

ごはん

献立のPOINT!

・健康にいい「ま（豆）ご（ごま）わ（わかめ）や（野菜）さ（魚）し（しいたけ）い（いも）」
に代表される食材を、バランスよく取り入れた和食メニュー。

・和食でも、油揚げ、ハム、ツナなど**コクのある食材**を合わせ、**さっぱりしすぎない**工夫を。

さんまのピリ辛焼き

さんまにも含まれるDHAは頭の回転をよくし、
EPAは血液をサラサラにするといわれています。

材料（4人分）

さんま…4〜5尾
片栗粉…適量
A
しょうゆ…大さじ2
酒…大さじ2
みりん…大さじ2
砂糖…大さじ2
酢…小さじ1
豆板醬…小さじ½

白いりごま…適量
万能ねぎの小口切り
…2〜3本分
サラダ油…大さじ1〜2

作り方

① さんまは3枚におろし、塩水できれいに洗い、水けをふいて片栗粉をまぶす。

② フライパンに油を熱し、①を入れ、両面がきつね色になるまで焼く。

③ フライパンの余分な油をキッチンペーパーでふき取り、合わせておいた**A**のたれを流し入れ、さんまにたれが絡むまで煮詰める。

④ 皿に盛り、ごま、万能ねぎを散らす。

> **POINT** ● たれを作るときは、一度余分な油をふき取ると生臭さが解消♪

具だくさん巾着

成長期の子どもアスリートに必要な栄養素がたっぷり。
高野豆腐とひき肉で、良質たんぱく質をGET！

材料（4人分）

油揚げ…2枚
高野豆腐…1個
しいたけ…2個
にんじん…3cm（30g）
さやいんげん…30g
鶏ひき肉…50g
卵（M玉）…1個

塩…小さじ½
おろししょうが…少々
A
水…1カップ
しょうゆ…大さじ1
酒…大さじ1
みりん…大さじ1
砂糖…大さじ½

作り方

① 油揚げは半分に切り、中を開いて熱湯に入れ、油抜きする。

② 高野豆腐はもどし、しいたけ、にんじん、いんげんとともにみじん切りにする。

③ ボウルに②、ひき肉、溶いた卵、塩、しょうがを加えて混ぜ、よくこねる。

④ ①の油揚げに③を詰め、開いた部分を楊枝で留める。

⑤ 鍋に**A**、④を入れ、落としぶたをして中火で煮る。沸騰したら火を弱め、とろ火で約10分煮る。

切り干し大根とわかめのめんつゆあえ

海藻、乾物は食物繊維の宝庫。
両方取り入れればお通じがよくなります！

材料（4人分）

切り干し大根…20g
乾燥わかめ…10g
にんじん…2cm（20g）
ロースハム…2枚
A
めんつゆ（2倍濃縮タイプ）
…大さじ1
酢…小さじ2
しょうゆ…小さじ1
砂糖…小さじ1
ごま油…小さじ1
白いりごま…小さじ1

作り方

① 切り干し大根は水につけてもどす。しっかり水でもみ洗いし、水けを切って食べやすく切る。

② わかめはもどし、にんじん、ハムはせん切りにする。

③ ボウルに**A**を合わせて入れ、①、②を加えて混ぜ合わせ、器に盛る。

長いもとツナのサラダ

長いもは、胃の粘膜を保護し
疲労回復や免疫力UPに効果が。感染症予防にも。

材料（4人分）

長いも…5cm（80g）
オクラ…1袋（約8本）
ツナ缶（オイル漬け）…1缶

マヨネーズ…小さじ2
ぽん酢…小さじ2
刻みのり…適量

作り方

① 長いもは太めのせん切りに、オクラはサッとゆで、2〜3等分に切る。

② ボウルにマヨネーズ、ぽん酢を入れて混ぜ、油切りしたツナ、オクラ、長いもを入れ、ざっくり混ぜる。

③ 器に盛り、のりをのせる。

> **POINT** ● ツナはオイルをよく切ってから使います。カロリーが気になる場合は水煮缶を使ってね！

バランス

みそバタ味の大きなお肉が大好評♡
忙しい日は主菜を作る間にレンジで副菜を作って時短を。

鶏肉のみそバタ焼き 献立

• MENU •

鶏肉のみそバタ焼き
5品目の中華あえ
お手軽簡単♪ かぼちゃの煮もの
きのこたっぷりしょうがスープ
ごはん

献立の POINT!

・調理に時間をかけたくないときは、**電子レンジを多用して**！ ただし、食材はいろいろ使い、バランスのよい献立を心がけたいものです。五大栄養素はしっかりとります。

・全体の味付けも、偏らないように考慮。みそなどの**発酵食品**、切り干し大根などの**乾物**、しょうがなどの**香味野菜**を取り入れると体にいい上、**味にも変化**がつきます。

鶏肉のみそバタ焼き

みそとにんにくで食欲増進、スタミナアップ!

材料(4人分)

鶏もも肉…2~3枚(600g)　にんにく…1片
バター…10g

A
┌ しょうゆ…大さじ2
│ 酒…大さじ2
│ みりん…大さじ2
│ 砂糖…小さじ2
│ 赤みそ…小さじ2
└ 水…大さじ1

作り方

❶鶏肉は余分な脂肪を取り除き、厚みのある部分を切り開く。Aはよく混ぜ合わせる。にんにくは薄切りにする。
❷フライパンを熱し、鶏肉を皮目から焼く。油が出てきたらひっくり返し、にんにくを加えて焼く。
❸にんにくを取り出し、フライパンの余分な油をペーパーでふき取り、Aを加えて少し煮詰め、最後にバターを加える。
❹皿に盛り、にんにくを添える。

＊ねぎやトマトを付け合わせて。

> POINT ● 鶏もも肉は皮を除くと脂質が抑えられます。しっかり味なので水で加減してね♡

お手軽簡単♪ かぼちゃの煮もの

かぼちゃはβ-カロテンたっぷりで、免疫力を高めます。簡単にできて、日持ちするのでお弁当や作り置きに最適。

材料(4人分)

かぼちゃ…300g

A
┌ しょうゆ…大さじ1・½
│ みりん…大さじ1
│ 砂糖…大さじ1
└ 水…¼カップ

作り方

❶かぼちゃは一口大に切る。
❷耐熱ボウルにかぼちゃとAを入れてふんわりラップをかけ、600Wの電子レンジで5分加熱する。
❸かぼちゃをひっくり返して、さらに2~3分、かぼちゃがやわらかくなるまで加熱する。
❹粗熱がとれるまでそのまま放置し、器に盛る。

5品目の中華あえ

栄養満点、私のイチオシ副菜☆　緑黄色野菜は油と同時摂取することでβ-カロテンの吸収がアップ。

材料(4人分)

ほうれん草
　…½束(100g)
にんじん…3cm(30g)
切り干し大根…20g
ロースハム…3枚
乾燥ひじき…3g

A
┌ しょうゆ…大さじ1
│ 酢…大さじ1
│ 砂糖…大さじ1
└ ごま油…大さじ½

白いりごま…適量

作り方

❶ほうれん草は3~4cm長さに切り、耐熱皿に入れてふんわりラップをし、600Wの電子レンジで2分加熱する。ひじきと切り干し大根は水でもどして、水けを切る。にんじんはせん切り、ハムは短冊切りにする。
❷ボウルにAを混ぜ合わせ、❶を加えてよく混ぜ、ごまをふる。

> POINT ● 彩りよく5品目そろえて。ほうれん草の代わりに小松菜でもOK。具材は水けをよく切ってからあえて。

きのこたっぷりしょうがスープ

食物繊維がしっかりとれ、胃腸が温まります。
1日を元気にスタートさせる朝ごはんにも!

材料(4人分)

えのきだけ…1袋
しめじ…1パック
しいたけ…2個
長ねぎ…10cm
しょうがのせん切り
　…1かけ分
水…4カップ

A
┌ 顆粒鶏ガラスープの素
│ 　…大さじ2
│ 酒…大さじ2
└ しょうゆ…小さじ1

ごま油……少々

作り方

❶えのきだけは半分に切り、しめじは小分けにする。しいたけは薄切りに、ねぎはせん切りにする。
❷鍋にごま油を熱し、しょうがを炒め、香りが出たらえのき、しめじ、しいたけを加えて炒める。
❸❷に水を加える。沸騰したらAを加えてひと煮たちさせる。
❹❸を器によそい、ねぎをちらす。

成長期の脳にもいい働きのある青魚をメインに。
白あえ、ごまあえで味も栄養も最強バランス！

さばの野菜たっぷりあん 献立

献立の POINT！

・卵や豆腐などの**たんぱく質**と**野菜**を組み合わせ、**野菜嫌いの子どもでも思わず手が出る**メニューばかり！ 野菜は加熱して、量をたっぷり取ります。

・ごはんがしっかり食べられるよう、しょうゆベースの味付けですが、全体の味のバランスも考慮して、マヨネーズやみそも使います。

• MENU •

- さばの野菜たっぷりあん
- ほうれん草の白あえ
- いんげんと豚しゃぶのごまあえ
- マスタードポテトサラダ
- わかめと万能ねぎのみそ汁
- ごはん

さばの野菜たっぷりあん

良質な脂質を含むさばと
緑黄色野菜を合わせて、免疫力を高めます。

材料（4人分）

さば…大1尾（4切れ）
　塩、こしょう…各少々
　小麦粉…適量
ピーマン…1個
玉ねぎ…¼個（50g）
にんじん…2cm（20g）

A
しょうゆ…大さじ3
酢…小さじ1
みりん…大さじ2
砂糖…大さじ2
水…大さじ5強
片栗粉…小さじ1
サラダ油…大さじ2〜3

作り方

❶さばは3枚におろし、塩水で洗い、熱湯をかけてキッチンペーパーで水けをふき取って塩、こしょうをふり、小麦粉をまぶす。野菜はすべてせん切りにする。Aは合わせておく。

❷フライパンに油を熱し、さばを両面きつね色になるまで焼きつけ、油を切って皿に盛る。

❸フライパンの汚れをペーパーでふき取り、❶の野菜を炒め、Aを加え、木べらで混ぜながらとろみをつけ、❷にかける。

> POINT ● さばではなく、たらなどの白身魚に合わせてもおいしい！ 甘めなので砂糖の量は調整してね♪

ほうれん草の白あえ

白あえは栄養バランスに優れた副菜です。
豆腐の水切りをしっかりするのがポイント♪

材料（4人分）

もめん豆腐…1丁（300g）
ほうれん草…1束（200g）
しめじ…½パック（60g）
にんじん…3cm（30g）

A
しょうゆ…大さじ2
砂糖…大さじ1
白みそ…小さじ1
ごま油…小さじ½

作り方

❶豆腐はしっかり水切りする。

❷ほうれん草は食べやすく切り、しめじはほぐし、にんじんはせん切りして耐熱皿に入れ、ふんわりラップして600Wの電子レンジで1〜2分加熱し、水けを切る。

❸ボウルに❶、Aを入れて豆腐をつぶしながら混ぜ、❷をあえる。

いんげんと豚しゃぶのごまあえ

すりごまは血液をきれいにする働きがあります。
たっぷり入れてね！

材料（4人分）

さやいんげん…100g
豚肉（しゃぶしゃぶ用・
　ももまたはロース）
　…60g

A
しょうゆ…小さじ2・½
砂糖…小さじ2
ごま油…小さじ½
白すりごま…大さじ2

作り方

❶いんげんは、サッとゆで、斜め薄切りにする。

❷同じ鍋の湯で豚肉をゆで、ざるに上げて冷ます。

❸ボウルにAを入れて混ぜ、いんげん、豚肉を加えてあえる。

マスタードポテトサラダ

マスタード味でアクセントをつけつつ、
牛乳でまろやかに！

材料（4人分）

じゃがいも…小2個（150g）
アボカド…1個
ゆで卵…1個

A
しょうゆ…小さじ1
顆粒コンソメスープの素…小さじ½
粒マスタード…小さじ½
マヨネーズ…大さじ1
牛乳…大さじ2

塩…少々

作り方

❶じゃがいもは皮をむいて、一口大の乱切りにし、水につけて5分ほどアク抜きをする。水けを切ってボウルに入れ、ふんわりラップをかけ、600Wの電子レンジで4〜5分加熱し、粗熱を取る。

❷アボカドは半分に切り、種を除き、皮をむいて乱切りにする。ゆで卵はざく切りにする。

❸❶のじゃがいもにAを加え、アボカド、ゆで卵も加えてよく混ぜ、塩を加えて味を調える。

> POINT ● じゃがいもと牛乳の量によって固さ加減が変わるので、お好みで調整して！

気分でメインをチェンジ！
主菜

気分に合わせて、献立の主菜を入れ替えるときの
参考にしてください♪
お弁当にも使えます！
小さいころから和、洋、中ほか
いろいろな味を知っておくと、
今後の豊かな食生活の基礎になります。

懐かしい和食の味付けになごみます！

鶏肉の竜田揚げ香味おろしだれ

香味野菜の効果で食欲増進。大根おろしに含まれる消化酵素で、
消化の負担を軽減し、さっぱりと食べられます。

材料（4人分）

鶏むね肉…2枚（600g）

A
- しょうゆ…小さじ2
- 酒…小さじ1
- おろしにんにく…小さじ½
- おろししょうが…小さじ½
- 片栗粉…適量

大根おろし…5cm分（150g）
長ねぎのみじん切り…½本分

A
- しょうゆ…大さじ3
- 酢…大さじ1
- 砂糖…大さじ1
- ごま油…小さじ½

サラダ油…大さじ3〜4
かいわれ菜…適量

作り方

❶むね肉は皮をはがしフォークで何カ所かしっかり刺し、繊維に沿ってそぎ切りにし、しょうゆ、酒、にんにく、しょうがをもみ込み、15分ほどおいて、片栗粉をしっかりまぶす。

❷フライパンに油を熱し、❶を入れ、ふたをして揚げ焼きにする。キッチンペーパーの上で油切りし、皿に盛る。

❸Aを混ぜ合わせてたれを作り、❷にかけてかいわれ菜をのせる。

青魚を洋風に簡単アレンジ！

さばのマスタードマヨ

さばが苦手な場合は子どもが好きなマヨネーズを使い、
味付けでカバー。

材料（4人分）

さば…1尾

A
- マヨネーズ…大さじ2
- 粒マスタード…大さじ2

作り方

❶さばは3枚におろし、1枚を半分に切る。

❷グリルで身から焼き、ひっくり返してAを皮面にかけたら、とろ火にして焦げ目がつくまで焼く。

＊焼いたししとうがらし、トマトなどを付け合わせる。

> POINT ● ソースをかけてからは焦げやすいので、火加減に注意してね。

**みんな大好き！
ごはんに合う甘辛味♡**

BBQ チキン

食欲がないときも、たれで絡めれば
ごはんがモリモリ食べられるおかずに。

材料（4人分）

鶏むね肉…2枚（600g）

| 塩、こしょう…各少々

| 片栗粉…適量

A
| 玉ねぎのみじん切り…½個分
| トマトケチャップ…大さじ6
| 中濃ソース…大さじ1
| 酒…大さじ2
| みりん…大さじ2
| 砂糖…大さじ1
| しょうゆ…小さじ1
| おろしにんにく…小さじ½

サラダ油…大さじ½

作り方

❶むね肉は皮をはがしフォークで何カ所か
刺す。繊維に沿って斜め切りにし、塩、こ
しょうをふり、片栗粉をまぶす。

❷フライパンに油を熱し、❶を弱めの中火
でふたをして焼く。まわりが白っぽくなっ
てきたらひっくり返し、両面焼く。

❸Aの合わせだれを❷に加え、弱火で軽く
煮詰め、たれを絡ませる。

＊レタス、水菜、きゅうり、ミニトマトなどを付け合わ
せる。

食べ応え満点のほっこり和風のお惣菜♪

ボリュームたっぷり豚巻き

油揚げは熱湯をかけて油抜きすればカロリーダウン！

材料（4人分）

油揚げ…2枚

豚もも薄切り肉…4枚

| 塩、こしょう…各少々

長ねぎ…½本

にんじん…3cm

さやいんげん…5本

A
| しょうゆ…大さじ1
| 酒…大さじ1
| 砂糖…大さじ½
| みりん…大さじ1
| 酢…小さじ1

大根おろし、かいわれ菜
…各適量

作り方

❶油揚げは短い辺に切り込みを入れて開き、半分に
切って4枚にする。にんじん、ねぎは細切りにする。

❷油揚げに豚肉を並べ、塩、こしょうをふり、にん
じん、ねぎ、いんげんをおいて巻き、楊枝で留める。

❸フライパンに入れ、ふたをして蒸し焼きにする。

❹焼けたら取り出し、3〜4等分に切り分けて皿に
盛る。

❺フライパンの汚れをさっとふき取り、Aの合わせ
だれを入れてひと煮立ちさせ、❹にかける。

❻大根おろし、かいわれ菜を添える。

> **P O I N T** ● 具の野菜は同じ太さにそろえて切ると、
> 味が均一にしみておいしくなります！

たんぱく質 ビタミン類

試合のあとの夕ごはんにもピッタリ♪
お米も肉もめいっぱい食べさせたいときに！

豚なすピーマンのコチュ炒め

肉と野菜が同時にとれ、香味野菜の効果で食欲増進！

材料（4人分）

豚もも切り落とし肉
　…400g
┌ 酒…小さじ2
│ しょうゆ
│ …小さじ2
なす…2個
ピーマン…4個

A
┌ しょうゆ…大さじ2
│ 酒…大さじ2
│ みりん…大さじ2
│ 砂糖…大さじ1
│ コチュジャン…小さじ2
│ 長ねぎのみじん切り…15cm分
└ にんにくのみじん切り…1片分
サラダ油…大さじ½
白いりごま…適量

作り方

❶豚肉に酒、しょうゆをもみ込んでしばらくおく。なす、ピーマンは乱切りにする。
❷フライパンに油を熱し、豚肉を炒める。
❸なすを❷に加えて油をなじませるように炒める。
❹ピーマンを加えてツヤが出てきたらAの合わせだれを回しかけ、ざっくり混ぜ合わせ、ごまをふる。

たんぱく質

脂質カットの調理法で
ヘルシーにアレンジできる！

サラダチキン

むね肉は筋肉強化の効果もあるので、
筋トレ後の補食にもオススメ♪

材料（4人分）

鶏むね肉…1枚（300g）
A
┌ 砂糖…小さじ1
│ 塩…小さじ½
│ 酢…小さじ1
└ 酒…大さじ1

作り方

❶むね肉は皮をはがし、厚みのある部分は切り開いて、フォークで何カ所か刺し、砂糖を両面にもみ込んで塩をふる。
❷ポリ袋にAを入れ、❶を入れて1分もみ込み、冷蔵庫に入れて1時間寝かせる。
❸耐熱皿に❷を汁ごと入れ、ふんわりラップをかけ、600Wの電子レンジで4分半加熱する。余熱で火が通るよう10分ほど放置する。
❹粗熱がとれたら食べやすく切る。

＊粒マスタードのドレッシング（15ページ「彩り野菜とたこのサラダ」参照）を添えて。
＊レタス、キャベツ、ミニトマト、レモンなどを付け合わせる。

> POINT さっぱり味なのでサラダはもちろん、あえものやサンドイッチの具などアレンジ自在！ 下味に酢を少し加えることで、むね肉がやわらかくなります♡

たんぱく質 / ビタミン類

油で揚げない⁉ 糖質カットの変わり油揚げ餃子。

揚げ餃子のにらだれ

豚ひき肉と油揚げの組み合わせは、
免疫力が高まり疲労回復にも効果が。

材料（4〜6個分）

油揚げ…2〜3枚

A
- 豚ひき肉…100g
- キャベツのせん切り…100g
- しょうゆ…小さじ1
- 酒…大さじ1
- おろしにんにく…小さじ⅓
- おろししょうが…小さじ⅓
- 塩、こしょう…各少々

にら…¼束

B
- しょうゆ…大さじ1
- 砂糖…小さじ2
- 酢…小さじ1
- ごま油…小さじ1
- おろしにんにく、おろししょうが…各少々

水…½カップ
サラダ油…小さじ1
白いりごま…適量

作り方

❶ボウルにAを入れて混ぜ、タネを作る。

❷油揚げは半分に切り、袋状にして中にタネを入れ、楊枝で留める。

❸にらだれを作る。にらはみじん切りにして、Bを加えて混ぜる。

❹フライパンに油を熱し、❷を入れて水を加え、ふたをして弱火の中火で5分ほど蒸し焼きにする。

❺ふたをあけ、水分を蒸発させて焼き、ひっくり返して反対面も少し焦げ目がつくまで焼く。

❻皿に盛り、❸のにらだれをかける。ごまをふる。

POINT ●にらだれはサラダチキンや冷奴にかけてもおいしい♪

たんぱく質 / 脂質 / ビタミン類

体にバツグンにいい食材のコラボ。

鮭のみそマヨ焼き

栄養価の高い鮭と発酵食品のみそは免疫力アップに効果あり。

材料（4人分）

生鮭…4切れ

A
- マヨネーズ…大さじ3
- 砂糖…大さじ2
- 白みそ…大さじ1・½
- 白いりごま…大さじ1・½

万能ねぎの小口切り…適量

作り方

❶オーブントースターの受け皿にクッキングシートを敷き、半分に切った鮭を並べる。

❷Aを合わせてたれを作り、鮭にたっぷり塗る。

❸トースターで10〜15分焼いたら皿に盛り、万能ねぎを散らす。

＊水菜、キャベツ、トマトなどを付け合わせる。

 たんぱく質

深みとコクのあるソースはクセになる！

鶏肉のみそスイチリソース

ヘルシーなむね肉でも、しっかりした味付けなので、
ごはんがたくさん食べたいときにピッタリ♪

材料（4人分）

鶏むね肉		スイートチリソース
…2枚（600g強）	A	…大さじ6
塩、こしょう		みりん…大さじ3
…各少々		みそ…小さじ2
酒…大さじ1		しょうゆ…小さじ½
片栗粉…適量		サラダ油…大さじ½
		パセリのみじん切り…適量

作り方

❶むね肉は皮をはがし、フォークで両面何カ所か刺す。繊維に沿って一口大の斜めそぎ切りにし、塩、こしょう、酒をもみ込み、片栗粉をまぶす。

❷フライパンに油を熱し、❶を入れ、ふたをして、中火で両面焼く。

❸Aの合わせだれを加え、肉に絡める。

❹皿に盛り、パセリを散らす。

＊水菜、ミニトマトなどを付け合わせる。

たんぱく質　ビタミン類

ブラックペッパーで少し大人な味♪

豚にらレモンペッパー

豚肉とにらを組み合わせると疲労回復効果があります。
レモンのクエン酸も疲れを取ります！

材料（4人分）

豚もも切り落とし肉		砂糖…小さじ1
…400g		塩…小さじ½
しょうゆ		酒…大さじ2
…大さじ1	A	ごま油…大さじ1
酒…大さじ1		レモン汁…大さじ1
長ねぎ…1本		顆粒鶏ガラスープの素
にら…1束		…小さじ1
		おろししょうが…小さじ½
サラダ油…大さじ½		
ブラックペッパー…適量		

作り方

❶豚肉にしょうゆ、酒をもみ込み、10分ほどおく。

❷ねぎは斜め薄切りに、にらは5cm長さに切り分ける。Aを混ぜ、たれを作る。

❸フライパンに油を熱し、豚肉を炒め、ねぎも加えて炒める。

❹たれを加え、全体を混ぜたら、にらを加えて再度混ぜ合わせ、ブラックペッパーをふる。

> **POINT** 試合後にもいいおかず。小さい子が食べるなら、ブラックペッパーはかけなくてもOK!

27

 たんぱく質

ちょっとおしゃれな1品♪
カフェ風に盛り付けて。

鶏肉のマスタードオーブン焼き

手軽に調理しやすい鶏もも肉で、たんぱく質を摂取します！
マスタードでちょっとアクセントをつけ、飽きない工夫を。

材料（4人分）

鶏もも肉…2〜3枚（600g）
｜ 塩、こしょう…各適量
A
┌ しょうゆ…大さじ1・1/2
│ 酒…大さじ1
│ はちみつ…大さじ1
│ おろしにんにく…小さじ1
└ 粒マスタード…小さじ2
グリーンアスパラガス…4本

POINT ● サンドイッチの具に
もオススメ！ 焼いている途中、
焦げそうになったら、アルミホ
イルを上からかぶせて。

作り方

① もも肉は脂肪の部分を除き、
フォークで何カ所か刺し、表面
に切り目を入れて塩、こしょう
をしっかりふる。

② ポリ袋にAと鶏肉を入れ、よ
くもみ込み、冷蔵庫に入れて半
日ほど寝かせる。

③ オーブン皿にアルミホイルを
敷き、その上に金網をのせて②
の鶏肉をおき、220℃のオーブ
ンで20〜25分焼く。残り5分
でアスパラを加えて焼く。

＊サラダ菜、トマトなどを付け合わせる。

 たんぱく質 脂質

我が家の和食の定番料理はこれ！

さんまのしょうが煮

コトコト煮て、骨までやわらかく。
カルシウムがしっかりとれます。

材料（4人分）

さんま…4尾
しょうがの薄切り…1かけ分
A
┌ 水…1・1/2カップ
│ しょうゆ…大さじ2
│ 砂糖…大さじ3
│ みりん…大さじ3
│ 酒…大さじ1
└ 顆粒だしの素…小さじ1

作り方

① さんまは頭と内臓を除き、3
〜4等分に切って塩水で洗う。

② 鍋にさんま、しょうが、Aを
入れてふたをし、弱火で40〜
50分コトコト煮る。

③ 汁気が少なくなったらふたを
とり、煮詰める。

＊彩りにかいわれ菜などを添える。

POINT ● 圧力鍋を使うと短時間で
骨までやわらかくなります。なけれ
ば弱火で気長に煮てね。

たんぱく質

豆腐入りヘルシーナゲットは
お財布にも優しい♪

豆腐ナゲット

フードプロセッサーがあれば簡単にできます！

材料（20個〜）

もめん豆腐…1丁（300g）
鶏むね肉…小さめ2枚（500g）

A
- 片栗粉…大さじ3
- マヨネーズ…大さじ1
- 顆粒コンソメスープの素…小さじ1
- おろしにんにく…小さじ½
- 塩、こしょう…各少々

サラダ油…大さじ3〜4

作り方

❶豆腐はしっかり水切りする。むね肉は皮をはがし、細かく刻む。

❷ボウルに❶とAを入れ、豆腐をつぶしながらよく混ぜ合わせる。

❸フライパンに油を熱し、一口大に平たく丸めた❷を揚げ焼きにする。

＊プリーツレタスなどを付け合わせる。

ソース

材料（4人分）

トマトケチャップ…大さじ2
しょうゆ…小さじ1
砂糖…少々
粒マスタード…少々

作り方 材料すべてを混ぜ合わせる。

POINT● 水切りはパックの2カ所に切り込みを入れて傾け、数時間放置すればOK。（52ページ参照）

たんぱく質 ビタミン類

にんにくパワーでスタミナ充分！

ガーリックオニオンポークソテー

ビタミンB$_1$が豊富な豚肉は、糖質の代謝を助ける働きがあります。
玉ねぎやにんにくはその働きを助けるベストパートナー！

材料（4人分）

豚ロース肉（かつ用）
　…大4枚

- 塩、こしょう…各少々
- 小麦粉…適量

A
- 玉ねぎのすりおろし
　…1個分
- しょうゆ…大さじ5
- 酒…大さじ4
- 砂糖…大さじ2
- 酢…大さじ2
- おろしにんにく
　…小さじ1

サラダ油…大さじ½

作り方

❶豚肉は包丁の背で軽くたたき、塩、こしょうをふり、小麦粉をまぶす。

❷フライパンに油を熱し、❶を両面しっかり焼き、取り出して切り分け、皿に盛る。

❸フライパンにAを加え、軽く煮詰めたら❷の豚肉にたっぷりかける。

＊サラダ菜、トマト、ポテトサラダなどを付け合わせる。

POINT● 玉ねぎのすりおろしがお肉をやわらかくしてくれます！　肉をたれに漬け込んでから焼いてもOK。

入れ替え＆ちょい足し！
副菜

あともう１品ほしい！というときのお助け副菜です。
漬物や佃煮、甘めの箸休めなど、
味を変えるとさらにごはんが進むので、
足りなかった栄養もプラスされ、一石二鳥。
子どもだけでなく、お酒のおつまみにもピッタリです。

ほっこり甘い思い出のママの味。
さつまいものミルク煮
友達のお母さんに教えてもらった、20年以上作り続けている味。
子どもたちからも大人気！

材料（2人分）

さつまいも…350g	牛乳…1・¼〜1・½カップ
バター…15g	砂糖…大さじ2
	塩…少々

作り方

❶さつまいもは皮をむき、一口大の乱切りにする。
水につけてアクを抜き、水切りをする。
❷小鍋にバターと❶を入れ、2分ほど炒める。
❸さつまいもがかぶるくらいに牛乳を加え、砂糖
を加える。途中へらで混ぜながら15〜20分ふた
をして煮る。
❹さつまいもがやわらかくなったら、塩を加える。
❺ふたをあけて少し煮込み、汁が減ってとろみが
ついたら火を止める。

お箸でほろっとくずれるやわらかさ。
ふろふき大根
発酵食品のみそはできるだけ取り入れたいものです。
やわらかく煮た大根とみそだれは味も栄養も相性抜群です。

材料（4人分）

大根…½本		みそ…大さじ3
昆布…5㎝	**A**	砂糖…大さじ3
		みりん…大さじ2
		酒…大さじ1
		おろししょうが…小さじ½

作り方

❶大根は4㎝厚さに切り、面取りし、隠し包丁を
入れる。
❷鍋に入れ、ひたひたになるくらいの水と昆布を
加え、やわらかくなるまで煮る。
❸みそだれを作る。フライパンにAを入れ、木べ
らで混ぜながら弱めの中火で煮る。とろみが出た
ら出来上がり。
❹器に大根を盛り、❸をかける。
＊彩りにかいわれ菜を添えても。

> **POINT** ●大根をゆでるときは、米のとぎ汁を使ってもいい
> です。やわらかくなるまで弱めの火でじっくり煮るのがコツ。

ミネラル　食物繊維

甘辛味とごまがアクセント。
お通じバッチリな副菜♪

ごぼうのごま絡め

歯応えを残す切り方にすると、
よく噛めて免疫力アップにもつながります。

材料（4人分）

ごぼう…細め2本
（または太め1本）
A
　しょうゆ…大さじ1
　みりん…大さじ1
　砂糖…大さじ1
　酢…小さじ1

片栗粉…適量
サラダ油…大さじ3〜4
白いりごま…大さじ3

作り方

❶ごぼうは皮を洗い、包丁の背で軽くこそげ取り5cm長さに切る。酢（分量外）を入れた水につけ、アク抜きする。

❷キッチンペーパーで水けをふき、ポリ袋に入れ、片栗粉を加えてふる。

❸フライパンに油を熱し、❷のごぼうを揚げ焼きし、いったん取り出す。

❹フライパンの汚れをペーパーでふき取り、Aを合わせたたれを入れて火にかけ、ひと煮立ちしたら❸を戻し入れ、ごまを加え、ごぼうにたれを絡める。

脂質　ビタミン類

おつまみにもなるお手軽副菜♡

鶏皮ねぎ塩レモン

脂質が多い鶏皮はエネルギー源にもなります。
レモンをたっぷりしぼって、ビタミンCも摂取！

材料（4人分）

鶏皮…4〜5枚
A
　レモン汁…小さじ1〜
　塩…少々
　長ねぎのみじん切り…5cm分
レモンのくし形切り…4切れ

作り方

❶鶏皮は好みの大きさに切る。

❷フライパンを熱し、鶏皮を中火でこんがり焼く。

❸脂が出てくるので、キッチンペーパーでしっかり取り除く。

❹カリカリに焼き上がったら、Aを混ぜてあえ、器に盛ってレモンを添える。

POINT●子どもたちの大好物♪　レモンはたっぷりかけると臭みも消え、さっぱりしておいしい！

シャキシャキした食感を楽しんで！

れんこんとひじきのたらマヨ

れんこん、にんじんは体の調子を整えるビタミンがたっぷり。
たらこは肌にいいビタミンEが豊富です！

材料（4人分）

れんこん…80g
乾燥ひじき…3g
にんじん…2cm（20g）
枝豆…適量
　（ひと握りくらい）

たらこ…約⅓腹（30g）

A
┌ マヨネーズ…大さじ2
│ しょうゆ…小さじ1
│ ごま油…小さじ1
└ 砂糖…小さじ⅓

作り方

❶れんこんは皮をむき、半分に切って2〜3mm幅に切る。
酢水（分量外）につけてアクを抜き、歯応えが残る程度に
ゆでる。枝豆もゆで、ともに水けを切る。

❷ひじきは水でもどし、洗って水けを切る。にんじんはせ
ん切りにする。

❸ボウルに皮を除いたたらこ、Aを入れて混ぜ合わせる。

❹❸にれんこん、ひじき、にんじん、枝豆を加え、あえる。

P O I N T ●れんこんは歯応えを残す程度にゆでるこ
と！ にんじんは好みでさっとゆでてもOK♪

ツナの風味でパクパク止まらない！

はんぺんとツナの
一口おつまみ

ツナの旨みで何もつけなくてもおいしい♪
はんぺんは袋ごとつぶすと洗いもの不要。
おつまみにもGOOD！

材料（8〜10個分）

はんぺん…2枚
ツナ缶（オイル漬け）…½缶
長ねぎのみじん切り…5cm分
ピーマンのみじん切り…1個分

A
┌ 白いりごま…大さじ1
│ のり（ちぎったもの）…1枚
│ マヨネーズ…大さじ1
└ 塩…少々

ごま油…少々

作り方

❶はんぺんは袋のまま手でつぶす。

❷ボウルに❶、油切りしたツナ、ねぎ、
ピーマンとAを加え、よく混ぜる。8
〜10等分に分けて丸め、平らにする。

❸フライパンにごま油を熱し、❷を両
面きつね色に焼いたら出来上がり。

ビタミン類　ミネラル　食物繊維

さっぱりしたいときのお口直しに食べたい♪
止まら～ん！　やみつき間違いなし！

大根の一夜漬け

大根は生で食べるとビタミンCを取り入れられます。
お酢の効果で疲労回復にも効果あり！

材料（作りやすい分量）

大根…½本

A　[砂糖…大さじ6
　　 酢…小さじ5
　　 塩…大さじ½]

作り方

❶大根は縦半分に切って、5mm厚さに切り、密閉容器に入れる。
❷Aを加え、冷蔵庫に入れて一晩寝かせる。

POINT● ついつい箸が止まらない我が家の定番漬物です☆
二晩寝かせるとより味がしみますよ！

ビタミン類　ミネラル

ごま油がきいて、箸が止まらない！

きゅうりの即席漬け

夏野菜の代表きゅうりは、体内の温度を下げる役割があります。
カリウムも多く、むくみの解消に役立ちます。

材料（作りやすい分量）

きゅうり…2本

A　[塩…小さじ½
　　 ごま油…小さじ1
　　 顆粒昆布だしの素
　　　…小さじ1]

白いりごま…適量

作り方

❶きゅうりは皮をところどころむいて縦半分に切り、3～4cm長さに切る。
❷ポリ袋にきゅうり、Aを入れて30秒もみ込む。味をみて足りなければ塩少々（分量外）を加える。皿に盛り、ごまをふる。

POINT● 皮はしましまにむくと味がしみて、見た目もかわいい♡

たんぱく質　ビタミン類　ミネラル

とろとろ半熟の黄身が
食欲そそる！

半熟卵

卵は栄養の宝庫！
1日2個は食べたい食材です。
免疫力がアップします。

材料（4個分）

卵…4個

作り方

❶鍋に卵がかぶるくらいの水を入れ、沸騰させる。
❷卵をそっと入れ、中火にして7分ゆでる。
❸7分たったら氷水に入れ、殻をむき、半分に切って皿に盛る。

POINT● 殻をむくときは上下をこんこんして亀裂を入れてから、そっとむくのがコツ。

第 2 章

不足しがちな栄養を補給！ 目的別に強化する献立

アスリートや成長期の子どもには、運動をしない人よりも、カルシウムや鉄が多めに必要といわれています。また、筋肉もつけたいところです。この章では、不足しがちな栄養素を意識し、少しでも多く取り入れられるような献立を紹介します！
強化の日をつくるのは、いつでも大丈夫！ ただし、たんぱく質を多く取り入れた筋肉強化の献立は、筋トレと合わせると効果を発揮します。

この章で大切な栄養素

- **カルシウム**（ミネラル）　骨や歯をつくったり、心を安定させます。汗や尿として流出され、吸収率が低いといわれています。（ししゃも、高野豆腐、小松菜、牛乳など）

- **鉄**（ミネラル）　貧血予防に向いています。走る、ぶつかるなどでも破壊されています。（牛肉、あさり、ひじきなど）

- **ビタミンC**　鉄の吸収をよくし、活性酸素[*1]を取り除く、抗酸化作用[*2]があります。ストレスに対抗する力も。（ピーマン、レモン、じゃがいもなど）

- **ビタミンD**　カルシウムの吸収を助けます。免疫力を高め、インフルエンザの予防にもいいといわれています。（しめじ、しいたけ、しらすなど）

*1　活性酸素……必要以上に増えすぎた場合、体をサビつかせる酸化作用の強い酸素。肝臓機能が低下して疲れやすくなったり、血管を詰まらせる原因になることも。
*2　抗酸化作用……活性酸素を取り除き、酸化を抑えること。体の中がサビつくと、正常な働きができなくなり、機能が低下する。

成長期の子どもたちの骨と筋肉の成長を助ける、
カルシウム豊富な洋食献立！

ポークケチャップ献立

• MENU •

ポークケチャップ

ノンバターのクラムチャウダー

ささみのレモンペッパーサラダ

ごはん

オレンジ

⚐ 献立の POINT!

・牛乳やチーズなど、乳製品をたっぷり使い、さらに**カルシウムの吸収を促すビタミン D**（きのこ
　など）も一緒に摂取します。

・鉄分も多い献立なので、吸収力 UP のクエン酸（レモン）も合わせました。

・バターや油を減らし脂質を控えめにすると、試合後や疲れて食欲のないときにも向く献立になります。

ポークケチャップ

豚肉に含まれるビタミンB$_1$は
疲労回復ビタミンともいわれ、
にんにくと一緒に摂取するとさらに効果的！

材料（4人分）

豚ロース薄切り肉…400g
│ 塩、こしょう…各少々
│ 小麦粉…適量
玉ねぎ…½個（100g）
ピザ用チーズ…適量

サラダ油
　…大さじ1

A
│ トマトケチャップ…大さじ8
│ 中濃ソース…大さじ2
│ 顆粒コンソメスープの素
│ 　…小さじ1
│ 砂糖…小さじ1
│ しょうゆ…小さじ1
│ 水…140㎖
│ おろしにんにく…小さじ1

作り方

❶豚肉に塩、こしょうをふり、小麦粉をまぶす。
❷玉ねぎは薄切りに切る。
❸フライパンに油を熱し、豚肉を両面焼き付ける。9割ほど火が通ったら玉ねぎも加えて炒める。
❹Aのたれを加え、肉に絡ませたらチーズをたっぷりかけ、溶けたら皿に盛る。

＊水菜を付け合わせる。

> ＰＯＩＮＴ●子どもたちの大好きなメニュー。たれは砂糖を隠し味にしてまろやかに。

ささみのレモンペッパーサラダ

ほうれん草は鉄分豊富。鉄分強化DAYの副菜にもオススメ♪

材料（4人分）

ほうれん草
　…1束（200g）
ささみ…2本
│ 酒…小さじ2
トマト…1個

A
│ オリーブ油…大さじ1
│ ささみのゆで汁…大さじ1
│ 粒マスタード…小さじ½
│ しょうゆ…小さじ½
│ レモン汁…小さじ1〜
│ 塩…ひとつまみ
│ ブラックペッパー…少々

作り方

❶ほうれん草はサッとゆで、食べやすく切って水けを切る。
❷ささみは筋を除き、厚みを開いて酒をふり、ラップをして600Wの電子レンジで2分加熱し、粗熱を取ってほぐす。
❸トマトはざく切りにする。
❹ボウルにAを入れて混ぜ、ほうれん草、ささみ、トマトを加えて混ぜ合わせ、皿に盛る。

ノンバターのクラムチャウダー

牛乳でカルシウムたっぷり。あさりは鉄分が多く、両方とも成長期に欠かせない食材です。

材料（4人分）

殻付きあさり
　（砂出ししたもの）…250g
玉ねぎ…½個（100g）
にんじん…5㎝（50g）
しめじ…½パック
ベーコン…2枚

A
│ 牛乳…3カップ〜
│ 顆粒コンソメスープの素
│ 　…小さじ2
オリーブ油…大さじ1
小麦粉…大さじ3
塩…少々
パセリのみじん切り…少々

作り方

❶玉ねぎ、にんじんは小さめに切る。しめじは小分けにし、ベーコンは細切りにする。
❷鍋にオリーブ油を熱し、❶を炒める。
❸火が通ったら一度火を止め、小麦粉をふり入れて全体を混ぜる。
❹Aを加え、再度火をつけて木べらでゆっくりとろみが出るまで混ぜながら煮る。
❺あさりを加え、ふたをしてとろ火で煮て、殻が開いたら味をみて塩を加える。
❻器に盛り、パセリを散らす。

> ＰＯＩＮＴ●小麦粉を使用せず、最後に水溶き片栗粉でとろみをつけるとカロリーダウンに。味が足りなければみそを入れても！

疲れて料理をしたくない！
オーブンや炊飯器で簡単に。
でも栄養はしっかり♪
チーズをたっぷりのせて、カルシウムUP！

トマトとチーズの グリルチキン献立

献立のPOINT！

・オーブンや炊飯器を使った調理法なら、**材料を入れて待つだけ**で簡単。肉や魚介と野菜を入れて、グリルやピラフにすれば、たんぱく質、ビタミン、カルシウムが同時にとれる献立に♪

・主食のごはんがあまり量を食べられなくても、**じゃがいもで糖質補給**できます！

• MENU •

トマトとチーズのグリルチキン

炊飯器DEえびピラフ

まるごとポテトグラタン

キャベツのにんにくスープ

キウイ

トマトとチーズのグリルチキン

子どもたちの大好物で
一人1枚はペロリ♡

材料（4人分）
鶏もも肉…2〜3枚（600g）
　塩、こしょう…各少々
　ガーリックパウダー…少々
トマト…1個
玉ねぎ…1個
ピザ用チーズ…適量
バジルの葉…5〜6枚

作り方
❶鶏肉は脂肪を取り、1枚を半分に切り、塩、こしょう、ガーリックパウダーをふる。
❷玉ねぎは4等分に輪切りにし、トマトも横に4等分する。
❸オーブン皿にアルミホイルを敷き、玉ねぎ、鶏肉、トマトの順にのせ、230℃のオーブンで20分焼く。
❹扉を開け、チーズをのせて再び10分焼き、バジルをちぎってのせる。

まるごとポテトグラタン

ボリュームと栄養があり、朝ごはんや補食にも
オススメの1品。

材料（4人分）
じゃがいも
　…大2個（300g）
玉ねぎ…¼個（50g）
ゆで卵…1個
A　マヨネーズ…大さじ2
　　塩、こしょう…各少々
ピザ用チーズ…適量
トマトケチャップ、パセリ
　のみじん切り…各適量

作り方
❶じゃがいもは皮付きのままラップに包み、600Wの電子レンジで7〜8分、竹串を刺してスーッと通るまで加熱する。
❷玉ねぎ、ゆで卵はみじん切りにして、Aであえる。
❸じゃがいもは中身をくり抜き、中身を❷と混ぜ合わせ、くり抜いたじゃがいもに詰める。
❹チーズをかけ、オーブントースターで焦げ目がつくまで焼き、皿に盛ってケチャップをかけ、パセリを散らす。

POINT●中の具はアレンジ自由！　ささみでもおいしい。

炊飯器 DE えびピラフ

熱に強いピーマンやパプリカで
ビタミンCを取り入れます。

材料（4人分）
冷凍むきえび…150g
ピーマン…1個
パプリカ（赤）
　…¼個（40g）
玉ねぎ…¼個（50g）
ベーコン…2枚
米…2合
水…1・½カップ
A　顆粒コンソメスープ
　　の素…大さじ1
　　塩、こしょう…各少々
　　オリーブ油…小さじ2

作り方
❶冷凍えびは解凍し、水けを切る。米は洗い、ざるに上げる。野菜はすべてみじん切りにする。ベーコンは小さく切る。
❷炊飯器に米、水とAを入れ、軽く混ぜる。
❸えび、野菜、ベーコンを加え、炊飯器の早炊きモードで炊く。

＊味が足りなかったら、最後に塩、こしょうを。

POINT●冷凍えびはしっかり水切りを。野菜を増やす場合は米の水量は少し減らしてね♪　分量はお茶碗4杯分です。

キャベツのにんにくスープ

にんにくたっぷりで食欲増進。キャベツで
食物繊維もしっかり取り入れましょう。

材料（4人分）
キャベツ…4枚（200g）
にんにく…2片
ベーコン…3〜4枚
しめじ…½パック
水…4カップ
顆粒コンソメスープの素
　…大さじ1
酒…大さじ2
塩…少々
オリーブ油…少々

作り方
❶キャベツは細めのざく切りに、にんにくは薄切りに、ベーコンは太めの細切りにする。しめじは小房に分ける。
❷鍋にオリーブ油を熱し、にんにく、ベーコンを軽く炒め、キャベツ、しめじも加えて炒める。
❸❷に水、スープの素、酒を加えてキャベツがやわらかくなるまで煮る。最後に塩で味を調える。

POINT●にんにくとベーコンを先に炒めるのがコツ。よく煮込むとキャベツがくたくたになり、たくさん食べられます。

カルシウムの豊富な高野豆腐やししゃもを合わせて！
ビタミン、食物繊維豊富な和食は幅広い年代向き。

高野豆腐の肉巻きおろし南蛮 献立

🚩 献立の POINT!

・みそ汁も**大事な栄養補給源**。カルシウムの吸収をよくするビタミンDや、熱に強いビタミンCを含む、しめじやじゃがいもで栄養を補います。**わかめ**の食物繊維は**余分な塩分を排出**してくれます。

・**植物性たんぱく質**と**動物性たんぱく質**を組み合わせて、たんぱく質量も爆発！　高野豆腐、豚肉、ししゃものコラボは最強です♪

高野豆腐の肉巻きおろし南蛮

低脂肪で、鉄分やカルシウム豊富な高野豆腐と、
豚肉の組み合わせ♪ 大根おろしで消化よく。

材料（4人分）

豚ロース薄切り肉
　…12枚（220g）
　｜塩、こしょう…各少々
　｜小麦粉…適量
高野豆腐…4枚
なす…2個（140g）
サラダ油…小さじ2
万能ねぎの斜め切り…適量

A
｜しょうゆ…大さじ4
｜砂糖…大さじ4
｜酢…大さじ2
｜ごま油…小さじ2
｜おろしにんにく…小さじ½
｜おろししょうが…小さじ½
｜大根おろし…4～5㎝分
　　（300g）
｜赤唐辛子の小口切り
　　…適量

作り方

❶高野豆腐は水につけてもどし、水分を手で
ギュッと絞って3等分に切る。

❷豚肉に塩、こしょうをふり、❶の高野豆腐を芯
にして巻き、小麦粉をまぶす。なすは縦半分に
切って乱切りにする。

❸フライパンに油を熱し、❷を焼き付け、なすも
炒める。

❹肉巻きを半分に切って、なすとともに皿に盛る。
Aのたれを混ぜてかけ、万能ねぎを散らす。

> **P O I N T ●** 高野豆腐は水っぽくならないよう水けをギュッと
> 絞って！ 赤唐辛子はお好みの量で辛さを調節しましょう。

小松菜としらす炒め

小松菜としらすはカルシウム豊富。
成長期に欠かせない1品です。

材料（4人分）

小松菜…1束（200g）
しらす…50g
油揚げ…½枚

A
｜しょうゆ…大さじ½
｜酒…大さじ1
｜みりん…大さじ1
ごま油…小さじ1
白いりごま…適量

作り方

❶小松菜は4～5㎝長さに切る。油揚げは小さく切る。

❷フライパンにごま油を熱し、❶を炒め、しらす
を加えてさらに炒める。

❸Aを加えて混ぜ、水分が飛んだら火を止め、白
ごまをかける。

> **P O I N T ●** 忙しいときでも3分でサッとできる時短メニュー。
> おかずが足りないときにも便利な副菜です。

ししゃものごまフライ

ごまと、骨ごと食べられるししゃもで
カルシウムを摂取して、骨を丈夫に。

材料（4人分）

ししゃも…12尾
マヨネーズ…適量
パン粉…適量
黒・白いりごま…各適量
サラダ油…大さじ2～3

作り方

❶ししゃもにマヨネーズを薄く塗る。

❷ボウルにパン粉、黒ごま、白ごまを入れて混ぜ、
衣を作る。

❸❷に❶を入れて衣をつけ、熱した油で揚げ焼き
にする。

> **P O I N T ●** ごまがくっつくようマヨネーズをつなぎに。
> 味が濃厚になり、少量作るときも便利です☆

豆苗と切り干し大根のコチュあえ

豆苗はβ-カロテンたっぷりの緑黄色野菜。
豆苗をほうれん草や小松菜に替えてもおいしいです！

材料（4人分）

豆苗…1パック
切り干し大根…20g
にんじん…2㎝（20g）
ツナ缶（オイル漬け）…1缶

A
｜しょうゆ…大さじ½～
｜酢…大さじ½
｜砂糖…大さじ½
｜ごま油…大さじ½
｜コチュジャン…小さじ½
｜おろししょうが…小さじ⅓
｜白いりごま…大さじ1

作り方

❶豆苗は半分に切り、耐熱皿に入れてラップをか
け、600Wの電子レンジで1分加熱し、水けを切る。

❷切り干し大根は水でもどし、よく洗って水けを
絞る。にんじんはせん切りにする。

❸ツナは油切りし、Aと合わせる。

❹❸に豆苗、切り干し大根、にんじんも加えてよ
く混ぜ、器に盛る。

> **P O I N T ●** ツナ缶は開けた缶のふたで押さえて、油切りする
> と簡単です。

いっぱい走って疲れて帰ってきた日。
しっかりと疲労回復につとめよう!

牛肉の
カラフル野菜炒め献立

献立のPOINT!

・練習で走った日は、**鉄分が破壊**されています。**素早く疲労回復**するために、鉄分の多い牛肉の赤
　身、タウリンの多いいかを使った献立にしました。たんぱく質も多めに確保し、**筋肉補強**にも役
　立てます。

・作り置きやお弁当のおかずにもオススメな料理たちです。

牛肉のカラフル野菜炒め

牛肉は鉄分が豊富。ピーマン、パプリカのビタミンCは熱に壊れにくく、鉄分の吸収を助けます。

材料（4人分）
牛もも切り落とし肉…400g
| しょうゆ…大さじ1
| 酒…大さじ1
| 片栗粉…大さじ2
パプリカ（赤・黄）…各¼個
ピーマン…2個
玉ねぎ…½個（100g）

A
| しょうゆ…大さじ2
| 酒…大さじ2
| 砂糖…大さじ½
| コチュジャン…大さじ1
| 水…大さじ2
にんにくのみじん切り…1片分
ごま油…小さじ2

作り方
❶牛肉は細切りにし、しょうゆ、酒をもみ込んで5分おき、片栗粉を加えて混ぜる。
❷パプリカ、ピーマン、玉ねぎは縦に細切りにする。
❸フライパンにごま油を熱し、にんにくと牛肉を炒める。玉ねぎも炒める。
❹パプリカ、ピーマンも加えて炒め、火が通ったらAを加えて絡めながら炒める。

＊目玉焼きをのせてもおいしい。

POINT● ごはんによく合うしっかり味で、お弁当のおかずにもオススメ。ピーマン、パプリカは食感を残して炒めて！

ささみとオクラのおかかあえ

ささみを整腸作用にも役立つオクラと合わせました。ネバネバのオクラはおかか風味がよく合います。

材料（4人分）
ささみ…3本
| 酒…大さじ1
オクラ…8本
削りがつお…1パック（2.5g）

A
| めんつゆ（2倍濃縮タイプ）…大さじ1
| 酢…小さじ2
| ごま油…小さじ1
| しょうゆ…小さじ½

作り方
❶ささみは筋を除いて切り開き、耐熱皿に入れて酒をふり、ふんわりラップをして600Wの電子レンジで2分加熱し、粗熱が取れたらほぐす。
❷オクラはサッとゆで、斜め半分に切る。
❸ボウルにAを入れて混ぜ、❶、❷、削りがつおを加えてあえる。

POINT● 酢の酸味が隠し味です。

いかのマリネ

いかは高たんぱく、低脂肪で、むくみにも効果的。お酢と合わせれば疲労回復効果、抜群です。

材料（4人分）
いか…2はい（200g）
きゅうり…1本
玉ねぎ…¼個（50g）
にんじん…2〜3cm（20g）

A
| 酢…大さじ2
| オリーブ油…大さじ1
| 砂糖…小さじ2
| 塩…小さじ⅓

作り方
❶いかは皮をむき、輪切りにしてサッとゆでる。
❷きゅうりは斜め薄切りにしてからせん切りに、にんじんもせん切りにし、玉ねぎは薄切りにして水にさらす。すべて水けをギュッと絞る。
❸ボウルにAを入れ、いか、❷の野菜を加えて混ぜ合わせる。

POINT● いかはゆですぎるとかたくなるので注意。酸味が好きな方はお酢の量を増やしてね。

鉄分たっぷりとまらんマヨサラダ

手軽な食材・ほうれん草やひじきを使った、鉄分たっぷりのサラダです。

材料（4人分）
ほうれん草…1束（200g）
乾燥ひじき…5g
ツナ缶（オイル漬け）…1缶

A
| マヨネーズ…大さじ2
| しょうゆ…小さじ1〜2
| 砂糖…小さじ½〜1

作り方
❶ほうれん草は3〜4cm長さに切り、サッと水にくぐらせ、耐熱ボウルに入れてふんわりラップをかけ、600Wの電子レンジで約3分加熱する。水で洗い、水けをギュッと絞る。
❷ひじきは水でもどし、洗って水けを切る。
❸ボウルに油切りしたツナを入れ、Aを加えて混ぜ、❶、❷を加えてよく混ぜ合わせる。

POINT● 具材とマヨネーズとの相性がよく、味見が止まらないほどのおいしさ☆ 作り置きするとサッと出せて助かる〜♡

ハードな練習後の疲れた体には、鉄分や炭水化物が必要。
失った栄養素はしっかりとろう！

ひじきたっぷり
ピリ辛ごはん献立

• MENU •

ひじきたっぷりピリ辛ごはん

ぶりのユッケ

じゃがいものタラモピザ

ほうれん草としめじの
梅おかかあえ

長ねぎ、豆腐、油揚げの
みそ汁

オレンジ

献立の POINT!

・ハードな練習後は半熟目玉焼きやチーズ、梅おかかなど子どもの食欲を誘うメニューで！

・**鉄分の多いひじきとほうれん草、鉄分の吸収をよくするクエン酸の梅干し**の組み合わせです。

・エネルギーを消耗したときは、**ごはんをしっかり食べられる丼**ものを。副菜からも炭水化物を
　とれるように工夫しました。みそ汁で植物性たんぱく質も補給。

ひじきたっぷりピリ辛ごはん

目玉焼きのほか、温泉卵をのせてもおいしい！
試合で疲れた日の夜ごはんにもぴったりです。

材料（4人分）
豚ひき肉…300g
乾燥ひじき…10g
玉ねぎ…½個（100g）
ピーマン…2個
A ┌ しょうゆ…大さじ3
　├ みりん…大さじ2
　└ 砂糖…大さじ2

赤唐辛子の小口切り
　…適量
しょうがのみじん切り
　…1かけ分
ごはん
　…茶碗多めに4杯分
目玉焼き…4個

作り方
❶ひじきは水でもどし、洗って水けを切る。玉ねぎ、ピーマンはみじん切りにする。
❷フライパンにひき肉、しょうが、赤唐辛子を入れて炒め、肉の色が変わったら玉ねぎ、ピーマン、ひじきも加えてさらに炒める。
❸火が通ったらAを加え、水分がある程度飛ぶまで炒める。
❹器にごはん、❸を盛り、上に目玉焼きをのせる。

ぶりのユッケ

コチュジャンとにんにくを入れた
韓国風ピリ辛だれで、いつもの刺身が違う味に。

材料（4人分）
ぶりの刺身…200g
A ┌ しょうゆ…小さじ2
　├ 砂糖…小さじ1
　├ ごま油…小さじ½
　├ コチュジャン…少々
　└ おろしにんにく…少々
万能ねぎの小口切り…2〜3本分

作り方
❶Aを合わせてたれを作る。万能ねぎは小口切りにする。
❷皿に刺身を並べ、たれをかけ、万能ねぎを散らす。

じゃがいものタラモピザ

じゃがいもに多く含まれるビタミンCは、
熱に壊れにくいので加熱しても安心。

材料（4人分）
じゃがいも
　…中2個（300g）
たらこ…1腹（80g）

マヨネーズ…大さじ2
ピーマン…½個
ピザ用チーズ…適量

作り方
❶じゃがいもは丸ごとラップで包み、600Wの電子レンジで7〜8分、竹串を刺してスーッと通るまで加熱する。
❷たらこは薄皮を除き、マヨネーズとあえる。ピーマンは輪切りにする。
❸じゃがいもを2等分に切り、❷のたらこマヨを塗り、チーズ、ピーマンの順にのせてアルミホイルにのせ、オーブントースターでチーズが溶けるまで焼く。

> **POINT●**試合前の副菜や補食にも向きます。

ほうれん草としめじの梅おかかあえ

ほうれん草の鉄分＋ツナの動物性たんぱく質を合わせて、
鉄分の吸収UP。梅のクエン酸で疲労回復効果も。

材料（4人分）
ほうれん草
　…1束（200g）
しめじ…1パック
ツナ缶（オイル漬け）…1缶
梅干し…3〜4個
　（大きなものは3個）

A ┌ 削りがつお
　│　…1パック（2.5g）
　├ 白いりごま…大さじ1
　├ めんつゆ（2倍濃縮
　│　タイプ）…小さじ4
　└ ごま油…小さじ2

作り方
❶ほうれん草は3cm長さに切り、耐熱皿に入れ、ラップをかけて600Wの電子レンジで3〜4分加熱するか、ゆでる。しめじも小房に分け、同様に電子レンジで1〜2分加熱するかゆでて、それぞれ水切りしておく。ツナは油切りする。
❷梅干しは種を取り、包丁で細かくたたいてAと混ぜ、❶を加えてあえる。

> **POINT●**今回はしそ梅を使用しましたが、梅干しの種類によって、調味料の塩分は加減してくださいね♪

赤身の牛肉は鉄分豊富。ビタミンCを合わせれば、
吸収力UPでガッツリ取り込める！

牛肉とほうれん草の中華風炒め 献立

•MENU•

牛肉とほうれん草の
中華風炒め

旨みたっぷりあさりの
キムチスープ

キャベツのさっぱりサラダ

いろいろ納豆

ごはん

⚑ 献立のPOINT!

・体内で吸収されやすい**鉄分**を含む、**牛肉**をメインにしました。**キャベツなどビタミンC**を取り
入れられる副菜との組み合わせで、さらに**吸収率を高める**献立に。

・手軽に食べられる納豆に、オクラや長いもの**ネバネバ食材**をプラスすれば、**食物繊維**たっぷりで、
腸の働きを整えます。

牛肉とほうれん草の中華風炒め

鉄分たっぷりの牛肉、ほうれん草、きくらげが集合!
きくらげはビタミンD、食物繊維も豊富です。

材料(4人分)

牛切り落とし肉…500g
　しょうゆ…大さじ1
　酒…大さじ1
　片栗粉…大さじ2
ほうれん草…1束(200g)
乾燥きくらげ…適量
卵…4個
にんにくのみじん切り
　…1片分
しょうがのみじん切り
　…1かけ分

A
しょうゆ…大さじ2
顆粒鶏ガラスープ
　の素…小さじ1
オイスターソース
　…大さじ2
水…大さじ4
酒…大さじ2
砂糖…小さじ2

サラダ油…少々
ごま油…少々

作り方

❶牛肉にしょうゆ、酒をもみ込んで少しおき、片栗粉をまぶす。ほうれん草は3〜4cm長さに切る。きくらげはぬるま湯につけてもどし、水けを切る。
❷フライパンにサラダ油を熱し、溶いた卵を入れて菜箸で混ぜながら強火でふんわり炒め、皿に取り出す。
❸フライパンの汚れをキッチンペーパーでサッとふき取り、ごま油を熱して、にんにく、しょうがを炒め、香りが出たら、❶の牛肉を加えて炒める。
❹❸にほうれん草の茎、きくらげを加えて炒め、Aを加える。
❺ほうれん草の葉を入れて全体を混ぜ、火が通ったら❷の卵を戻し入れてざっくり混ぜる。

> POINT●我が家の中華風おかずの中では大人気☆ 卵は高温でふわっふわに焼いてくださいね。

キャベツのさっぱりサラダ

キャベツは胃腸にいいビタミンUなども含みます。
カレーライスの付け合わせなどにもGOOD♡

材料(4人分)

キャベツ…¼個(300g)
　塩…小さじ½
ロースハム…3枚
きゅうり…1本

A
レモン汁…適量
オリーブ油…大さじ1
おろしにんにく…少々
ブラックペッパー…適量

いろいろ納豆

ネバネバ食材は免疫力を高め、疲労回復にも効果あり♪
手軽で栄養豊富な納豆がさらにパワーアップ!

材料(4人分)

納豆…2パック
乾燥ひじき…少量
オクラ…2本

長いも…2cm
白いりごま…適量

作り方

❶ひじきは水でもどし、洗って水けを切る。
❷オクラはサッとゆでて小口切りにする。長いもは小さく切る。
❸納豆に、納豆に付いているたれ、❶、❷、ごまを加えてよく混ぜる。

> POINT●チーズやめかぶなどを入れてもOK。

旨みたっぷりあさりのキムチスープ

あさりは鉄分豊富。発酵食品のキムチと
合わせて、食欲増進スープにしました♪

材料(4人分)

殻付きあさり
　(砂出ししたもの)…400g
白菜キムチ…200g

にら…½束
水…4カップ
酒…大さじ2
しょうゆ…小さじ2

作り方

❶鍋にあさり・キムチと水を入れてふたをし、火にかける。
❷あさりの殻が開いたら、酒、しょうゆを加える。
❸3cm長さに切ったにらを加え、ひと煮立ちする。

> POINT●具には豆腐やうどんを入れてもおいしい♡

作り方

❶キャベツは粗めのせん切りにし、塩をもみ込む。
❷ハム、きゅうりはせん切りにする。
❸ボウルにAを入れて混ぜ、❶、❷を加えてざっくり混ぜる。

> POINT●塩の量はキャベツにもみ込みながら調整を。

筋トレを頑張った後は
壊れた筋肉補強とビタミン確保をしっかり！

我が家の揚げないチキン南蛮献立

• MENU •

我が家の揚げないチキン南蛮
三色きんぴら
かぼちゃグラタン
大根としいたけのスープ
ごはん

献立のPOINT!

・主菜に高たんぱくの鶏むね肉と卵を使って、**たんぱく質量をしっかり確保！** 副菜にビタミンたっ
　ぷりの**根菜やかぼちゃ**を合わせて**筋肉補強をサポート**します。

・野菜は**温野菜にして量を確保**します。また、**ビタミンCは水に溶ける**ので、スープにして**汁ご
　と**いただいてね。

我が家の揚げないチキン南蛮

むね肉は高たんぱく、低脂肪で疲労回復にも効果大。
きゅうり入りタルタルソースがおいしさのポイント!

材料 (4人分)
鶏むね肉…2枚 (650g)
A
　酢…小さじ2
　しょうゆ…大さじ1
　酒…大さじ1
　片栗粉…適量
　しょうゆ…大さじ5
　砂糖…大さじ4
　酢…大さじ3

B
　ゆで卵のみじん切り
　　…2個分
　きゅうり、玉ねぎの
　　みじん切り…各大さじ2
　マヨネーズ…大さじ4
　牛乳…大さじ1
サラダ油…大さじ2〜3

作り方
❶むね肉は皮を除き厚みのある部分を切り開き、フォークで刺して縦半分に切る。酢、しょうゆ、酒の下味をもみ込み、15分ほどおいて片栗粉をつける。

❷フライパンに油を熱し、❶を入れふたをして両面焼く。

❸Aを合わせてたれを作り、❷に加え、たれが絡まったら肉を取り出し、切り分けて皿に盛る。

❹Bを合わせたタルタルソースをかける。

＊トマト、レタスを付け合わせる。

POINT●油は少ない量で揚げ焼きに。

かぼちゃグラタン

エネルギーが確保できるので、
試合前の副菜や朝ごはんにもいいです。

材料 (4人分)
かぼちゃ…400g
ベーコン…2枚
玉ねぎ…½個 (100g)
バター…20g
牛乳…1・½カップ
小麦粉…大さじ2
ピザ用チーズ…適量
塩…少々

作り方
❶かぼちゃは小さめに切り、耐熱皿に入れてラップをかけ600Wの電子レンジで8分、竹串を刺してスーッと通るまで加熱する。ベーコンは2〜3cm幅に、玉ねぎは薄切りにする。

❷鍋にバターを入れ、ベーコン、玉ねぎを炒め、かぼちゃも加えて炒める。

❸小麦粉をふり入れたら一度火を止め、混ぜる。

❹牛乳を加え、再び火をつけてとろみがついたら塩で味を調える。

❺耐熱皿に移し、チーズをのせてオーブントースターで焦げ目がつくまで焼く。

大根としいたけのスープ

大根をスープにたっぷり入れて、食べやすく。

材料 (4人分)
大根…5cm
　(200g)
しいたけ…2〜3個
万能ねぎ…適量
水…4カップ

A
　鶏ガラスープの素…大さじ1
　酒…大さじ2
　顆粒昆布だしの素…小さじ2
　顆粒だしの素…小さじ1弱
　おろしにんにく…小さじ¼
　おろししょうが…小さじ¼

作り方
❶大根はせん切りに、しいたけは薄切りにする。万能ねぎは小口切りにする。

❷鍋に水、大根を入れて煮て、大根がやわらかくなったらしいたけ、Aを加えてサッと煮る。

❸器によそい、万能ねぎを散らす。

三色きんぴら

食物繊維が豊富なごぼうに緑黄色野菜の組み合わせ。

材料 (4人分)
ごぼう
　…太め1本 (150g)
にんじん…5cm (50g)
ピーマン…2個

A
　しょうゆ…大さじ1
　みりん…大さじ1
　砂糖…大さじ1
ごま油…大さじ1
白いりごま…適量

作り方
❶ごぼうは皮を包丁の背でこそぎ落とし、4〜5cm長さに切ってからせん切りにし、水につけ、水を数回替えてさらし、水けを切る。にんじん、ピーマンはせん切りにする。

❷フライパンにごま油を熱し、ごぼうを炒める。

❸にんじんも加え、やわらかくなるまで炒める。

❹ピーマンを加え、油が回ったらAを加えてサッと炒める。器に盛り、ごまをふる。

高たんぱく、低脂肪の豚ヒレ肉はアスリートの味方。
ケチャップ、白みその特製ソースで旨みUP！

豚ヒレ肉のコク旨ソース献立

• MENU •

豚ヒレ肉のコク旨ソース

きゅうりとささみのわさびあえ

ほうれん草のさっぱりサラダ

たらこにんじん

豆腐、しめじ、わかめ、
玉ねぎのみそ汁

ごはん

🚩 献立の POINT!

・高たんぱく・低脂肪の**ヒレ肉やささみ**を使い、**ヘルシーでも食べごたえのある**献立に♪

・**緑黄色野菜**をたっぷり取り入れて、**免疫力アップ**。緑黄色野菜のβ-カロテンは油と結びつくと
　吸収がよくなるので、少量の油を使った調理法にしました。

豚ヒレ肉のコク旨ソース

炭水化物をエネルギーに変える際必要なビタミンB₁。
食品の中でビタミンB₁が最も多いのが豚ヒレ肉です。

材料（4人分）
豚ヒレ肉…500g
| 塩、こしょう
| …各少々
| 片栗粉…適量

A
┌ トマトケチャップ…大さじ4
│ 酒…大さじ2
│ みりん…大さじ2
│ しょうゆ…大さじ1
│ 砂糖…大さじ1
│ 白みそ…小さじ1
└ おろしにんにく…小さじ½
サラダ油…大さじ1

作り方
❶ヒレ肉は1cm厚さに切り分け、塩、こしょうをふり、片栗粉をまぶす。
❷フライパンに油を熱し、❶を入れ、ふたをして両面焼く。
❸余分な油をキッチンペーパーでふき、Aの合わせだれを回しかけて煮詰め、肉に絡める。

＊キャベツのせん切りを付け合わせる。

> POINT● 先にお酒でみそを溶いてからソースの材料を混ぜるとなめらかに。ソースがしっかり味なので生野菜を添えてね。

たらこにんじん

たらこはたんぱく質が豊富。にんじんが苦手だった
母と私は、これで苦手を克服しました!

材料（4人分）
たらこ…1腹（80g）
にんじん…½本（約100g）
ごま油…少々
めんつゆ（2倍濃縮タイプ）…少々

作り方
❶にんじんはできるだけ細くせん切りにする。たらこは薄皮を除く。
❷鍋にごま油を熱し、にんじんを炒め、たらこも加えて炒める。
❸めんつゆをかけ、サッと混ぜて火を止める。

> POINT● 簡単にできて、作り置きおかずにも最適です♪

ほうれん草のさっぱりサラダ

酢を加えると疲労回復に効果あり♪
ドレッシングに砂糖を使うとまろやかになります。

材料（4人分）
ほうれん草…1束（200g）
ロースハム…2枚
コーン水煮缶…大さじ3

A
┌ しょうゆ…小さじ1
│ 酢…小さじ1
│ ごま油…小さじ1
└ 砂糖…小さじ½

作り方
❶ほうれん草は3〜4cm長さに切り、耐熱皿に入れてふんわりラップをかけて、600Wの電子レンジで3分加熱するか、ゆでて水で洗い、水けを絞る。
❷ハムは半分に切ってせん切りにする。
❸ボウルにAを混ぜ、ほうれん草、ハム、コーンを加えて混ぜる。

きゅうりとささみのわさびあえ

ささみは高たんぱく・低脂肪の代表格!
生の玉ねぎをお酢と合わせて疲労回復に。

材料（4人分）
ささみ…2本（150g）
| 酒…少々
きゅうり…1本
| 塩…少々
玉ねぎ…½個（100g）

A
┌ めんつゆ
│ （2倍濃縮タイプ）
│ …大さじ1
│ しょうゆ…小さじ½
│ 酢…小さじ1
│ 削りがつお
│ …1パック（2.5g）
│ 白いりごま…適量
│ 練りわさび…少々
└ しょうゆ…小さじ½

作り方
❶ささみは筋を取って切り開き、耐熱皿に入れ、酒をふってふんわりラップをかける。600Wの電子レンジで2分加熱し、粗熱が取れたらほぐす。
❷きゅうりは輪切りにして塩をもみ込み、水分が出たら水で流して絞る。玉ねぎは薄くスライスし、水に浸して辛味をとってから、水けを絞る。
❸ボウルにAを合わせ、ささみ、玉ねぎ、きゅうりを加えて混ぜる。

筋肉は落としたくない、でも脂肪は落としたい…
という場合には、豆腐や野菜を多くすればGOOD!

肉豆腐献立

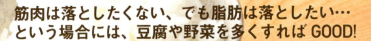

献立のPOINT!

・できるだけ余分な脂質を排除した食材選びに。ただし、ボリュームを落とさず、食べ応えがあり、満足のいく献立になるよう工夫しました。

・主菜は**豚肉＋豆腐でたんぱく質を充分**に。副菜で**ビタミン・ミネラル**をとれるようにしました。

・れんこん、固めにゆでたキャベツを取り入れ、**しっかり噛む**ことで**胃の消化を助けます**。

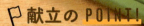

- MENU -

肉豆腐

れんこんとひじきのピリ辛炒め

小松菜のねぎナムル

キャベツとささみの旨サラダ

大根、わかめ、油揚げのみそ汁

ごはん

肉豆腐

いったん冷ましてから再度温めるとよく味がしみます。
試合後の献立に組み込むのもオススメ!

材料（4人分）

豚もも肉（しゃぶしゃぶ用）
　…300g
絹ごし豆腐…1丁（300g）
玉ねぎ…1個（200g）
しいたけ…3〜4個
しらたき…1袋（160g）

A
水…1・1/2カップ
顆粒昆布だしの素
　…小さじ1・1/2
みりん…大さじ2
しょうゆ…大さじ3・1/2
酒…大さじ2
砂糖…大さじ2

サラダ油…少々
万能ねぎの小口切り…適量

作り方

❶玉ねぎは薄切りに、しいたけは半分に切る。しらたきは熱湯でゆで、アク抜きして3等分に切る。
❷フライパンに油を熱し、豚肉と玉ねぎを炒める。
❸玉ねぎが透き通ったらしらたき、しいたけを加え、しょうゆとみりん以外のAを入れて途中アクを除きながら1〜2分煮る。
❹縦半分に切り、4等分した豆腐を加え、Aのしょうゆとみりんを加え、弱火で10分ほど煮る。
❺器に盛り、万能ねぎを散らす。

小松菜のねぎナムル

加熱することで緑黄色野菜がたっぷり食べられ、
免疫力アップ！　すっぱ辛いたれが食欲を増します。

材料（4人分）

小松菜…1/2束（100g）
もやし…1/2袋（150g）
にんじん…2cm（20g）
しめじ…1/2パック
ロースハム…3枚

A
しょうゆ…大さじ1
砂糖…小さじ2

A
酢…小さじ1
おろししょうが…小さじ1/4
おろしにんにく…小さじ1/4
長ねぎのみじん切り
　…5cm分
豆板醤…小さじ1/3〜
ごま油…小さじ1

作り方

❶小松菜は食べやすく切り、にんじんはせん切りに、しめじは小房に分けて、もやしとともにゆで、洗って、水けをギュッと絞る。
❷ハムはせん切りにする。
❸ボウルにAを入れて混ぜ、❶、ハムを加えてあえる。

> **POINT●** あえものをおいしく仕上げるコツは、材料の水切りをしっかりすること。私は手で思い切りギューッと絞ります♪

キャベツとささみの旨サラダ

低カロリー同士の食材をサラダに。キャベツはサッとゆでるとビタミンを逃がしません。

材料（4人分）

キャベツ…4〜5枚（200g）
ささみ…2本
｜酒…少々
きゅうり…1/2本
にんじん…少々

A
コーン水煮缶…大さじ2
マヨネーズ…大さじ2
顆粒コンソメスープの素
　…小さじ1
酢…小さじ1
ブラックペッパー…少々

作り方

❶キャベツはサッとゆで、適当な大きさにざく切りにして、しっかり水けを切る。
❷ささみは筋を除いて切り開き、耐熱皿に入れて酒をふり、ふんわりラップをして600Wの電子レンジで2分加熱し、粗熱がとれたらほぐす。
❸きゅうり、にんじんはせん切りにする。
❹ボウルにA、コーンを入れて混ぜ、❶、❷、❸を加えて混ぜる。

れんこんとひじきのピリ辛炒め

歯応えのあるれんこんで満腹感を得られ、
たんぱく質、ミネラル、食物繊維も摂取できます。

材料（4人分）

れんこん…100g
油揚げ…1/2枚
焼きちくわ…小2本
乾燥ひじき…5g
さやいんげん…4〜5本

A
しょうゆ…大さじ1
酒…小さじ2
みりん…小さじ2
砂糖…小さじ2
赤唐辛子の小口切り…適量

ごま油…少々

作り方

❶れんこんは2mm幅に輪切りにし、半分に切って酢水にさらしてアク抜きをする。油揚げは細切りに、ちくわは斜め薄切りにする。ひじきは水でもどし、水けを切る。いんげんはサッとゆで、2〜3等分に切る。
❷フライパンにごま油を熱し、れんこん、油揚げ、ちくわ、いんげん、ひじきの順に炒める。
❸Aを加えて汁気がなくなるまで炒める。

はるはるママの料理ポイント♪

目から幸せに！食欲そそる彩り

1品にいろいろな色を取り入れることは、見た目のよさだけでなく、さまざまな栄養がとれるので重要です。トマトの赤、ほうれん草の緑、卵の黄色などを使ってカラフルにすれば、見ただけで食欲が出て、テンションもアップ！

主菜の味付けポイントはごはんが進むたれ多め！

エネルギー源としてのごはん（お米）はぜひ確保したいもの。主菜はごはんが進むように味付けをしっかりするのがポイントです。甘辛に酸味や辛味をプラスしたり、カレー味にしたり、子どもの好みに合わせて工夫してね♡

必見！豆腐の水切り方法

豆腐のパックの短い2辺に、包丁でそれぞれ2cmほど切り込みを入れ、数時間シンクに立てかけておくと、しっかり水切りができます。仕事やお出かけ前に立てかけておくと、帰宅後にすぐに料理に取りかかれます♪ ただし夏場は注意が必要！

時短を心がける

なるべく短い時間で品数を多く作るため、献立を立てるときに、調理法のバランスも考えるのが基本。ガスコンロ＋電子レンジ＋オーブントースターなど、調理器具を上手に組み合わせています。

油は控えめ！揚げ焼きがオススメ

焼くときは少量の油で。私は肉の脂を利用して焼くこともあります。揚げものは、炒めもののときより少し多めの油を入れて、揚げ焼きに！ 酸化した油は使用しないようにします。

食材は使い回しが基本！

献立は翌日分も一緒に考えます。そうすることで、同じものばかり食べることがなく、材料を効率よく、無駄なく使うこともできます。

鶏むね肉は皮をはがし、「ブスブス刺し」で肉をやわらかくする

鶏肉は皮を除くと低脂肪、高たんぱくで、まさにアスリート向きの食材です。やわらかく仕上げるポイントは、皮をはがしたら身をフォークで何カ所も「ブスブス」刺すこと。さらに、少なめの油でふたをして焼くと、短時間でやわらかくなります。

第3章

試合前に！
エネルギーを蓄える
献立

試合3日前からは、バランス重視ではなく、エネルギーに変わる炭水化物メインの食事に切り替えます。この章では、試合3日前から試合当日の朝ごはんまでの献立を紹介します！
大切なのは、試合に向けてどれだけ体内にエネルギー源を蓄えられるか！ ただし、前日は、生もの、食物繊維の多いもの、油っぽいものは避けます。また、食べなれたものを選ぶことで、翌日の胃腸への負担を少なくし、体を動かしやすくします。

この章で大切な栄養素

・炭水化物	エネルギーになります。スタミナと持久力の元です。
	（お米、ラーメン、お餅、パスタ、うどんなど）
・ビタミンC	鉄の吸収をよくし、活性酸素を取り除く、抗酸化作用があります。スト ※33ページ参照 レスに対抗する力も。（じゃがいも、もやし、レモンなど）
・β-カロテン （ビタミン）	目や肌の機能を保ち、風邪を予防します。抗酸化作用もあります。 （ブロッコリー、かぼちゃ、ほうれん草など）

試合は3日後！ 練習を頑張った日は
のどごしのよい肉野菜入りラーメン！

あんかけラーメン献立

• MENU •

あんかけラーメン
大学かぼちゃ
ごはん

⚑ 献立の POINT!

・**試合の3日前からは炭水化物**を多くとり、**エネルギーチャージ**が必要。めん、ごはん、いも類
　から炭水化物をしっかり取り入れていきます。

・**ハードな練習後**でものどごしよく、食べやすいようにラーメンをメインに。野菜たっぷりのラー
　メンは一度に必要な野菜量が摂取できます。夜遅い時間に食べるのにもオススメ。

あんかけラーメン

試合に向けて必要なのは、とにかく炭水化物!
食べやすいあんかけめんで、どんどん取り入れて。

材料(4人分)
生ラーメン…4玉
豚もも切り落とし肉…300g
- ごま油…大さじ½
- おろしにんにく…小さじ⅓
- おろししょうが…小さじ⅓
- 塩、こしょう…各適量

にんじん…5cm(50g)
玉ねぎ…1個(200g)
白菜…⅛個(350〜400g)
にら…1束(100g)
乾燥きくらげ…適量
うずら卵の水煮缶(8個入り)…1缶

A
- 水…8カップ
- しょうゆ…大さじ7
- 顆粒鶏ガラスープの素…大さじ2
- オイスターソース…大さじ3
- 砂糖…小さじ2

サラダ油…少々
水溶き片栗粉(片栗粉大さじ5+水大さじ5)

作り方
❶豚肉は一口大に切り、ごま油、にんにく、しょうが、塩、こしょうをもみ込み、しばらくおく。きくらげは水でもどす。

❷にんじんは短冊切りに、玉ねぎは薄切りに、白菜はそぎ切りにして、食べやすく切る。にらは3cm長さに切る。

❸鍋に油を熱し、豚肉を炒め、にんじん、玉ねぎも加えて炒める。

❹火が通ったらA、白菜、きくらげを加えて中火で煮る。

❺にら、うずらの卵を加えて火を強め、水溶き片栗粉でとろみをつける。

❻器にゆでたラーメンを入れ、❺をかける。

> **POINT**● 試合前日に食べるなら、きくらげは外してね! 食物繊維の多い食品をとると緊張でおなかが張る可能性があります。

大学かぼちゃ

ビタミンの宝庫・かぼちゃには炭水化物もたっぷり!
砂糖や油もエネルギーになるので摂取を。

材料(4人分)
かぼちゃ…300g

A
- 砂糖…大さじ4〜5
- みりん…大さじ2
- しょうゆ…小さじ1

サラダ油…大さじ2

作り方
❶かぼちゃは1cm厚さに切る。

❷フライパンに油を熱し、❶を弱火でじっくり焼く。

❸かぼちゃに火が通ったらAの合わせだれを加えて煮絡める。味をみて足りなければ塩少々(分量外)を加える。

> **POINT**● かぼちゃはあらかじめレンジで加熱すると時短に。甘辛味のたれは、お弁当のおかずにも向きます♪

子どもの食が進む洋食で炭水化物祭りに♪
ボリューム献立でエネルギーチャージ!

豆腐ロコモコ丼 献立

• MENU •

豆腐ロコモコ丼

スパゲッティナポリタン

じゃがいものポタージュ

献立の POINT!

・お米がしっかり食べられる丼ものにパスタを添えて、さらに炭水化物を加えます。

・**豆腐ハンバーグ**にすることで、**胃への負担を軽減**し、その分、今必要な栄養素・炭水化物
をたくさん食べられるように配慮しました。

・生野菜はよく噛むことで満腹中枢が刺激され、量が食べられなくなります。付け合わせは少なめに。

豆腐ロコモコ丼

豆腐を加えて、高たんぱく、低脂肪のハンバーグに。
パン粉もエネルギー源になります。

材料（4人分）

〈ハンバーグのタネ〉
もめん豆腐…1丁（300g）
豚ひき肉…300g
玉ねぎ…1個（200g）
パン粉…1カップ
卵（M玉）…1個
塩、こしょう…各少々
マヨネーズ…大さじ½

〈ロコモコソース〉
A［
水…1カップ
トマトケチャップ…大さじ4
中濃ソース…大さじ3
しょうゆ…小さじ1
顆粒コンソメスープの素
　…小さじ1
砂糖…小さじ1
バター…10g
］
水溶き片栗粉（片栗粉小さじ2＋水小さじ2）
サラダ油…大さじ½
ごはん…茶碗山盛り4杯分
目玉焼き…4個

作り方

❶豆腐はキッチンペーパーで包み、軽く水けを切る。
❷ボウルに❶の豆腐と残りのハンバーグのタネをすべて入れ、手でよくこねる。4等分して形を整える。
❸フライパンに油を熱し、❷を入れてふたをして両面焼き、取り出す。
❹焼いたあとのフライパンにAを入れて混ぜ、煮立ったら水溶き片栗粉でとろみをつけてソースを作る。
❺器にごはんを盛り、ハンバーグをおいて、ソースをかけ、目玉焼きをのせる。
＊レタス、きゅうりを添える。

スパゲッティナポリタン

試合前でなければ、ベーコンやソーセージを入れたり、
最後にバターを加えてもOK。

材料（4人分・添える程度）

スパゲッティ…200g
ピーマンの細切り…2個分
玉ねぎの薄切り…¼個分
にんじんのせん切り…30g
オリーブ油…大さじ1
にんにくのみじん切り
　…1片分

A［
トマトケチャップ
　…大さじ6
中濃ソース
　…大さじ1
砂糖…小さじ1
顆粒コンソメスープの素…小さじ1
水…大さじ2
］

作り方

❶スパゲッティはゆでて、ざるに上げる。
❷フライパンにオリーブ油を熱し、にんにく、ピーマン、玉ねぎ、にんじんを炒め、火が通ったらAを加えて絡める。
❸❶を加え、よく混ぜ合わせる。

じゃがいものポタージュ

じゃがいもはビタミンCが豊富でエネルギー源にも。
牛乳と合わせて栄養価アップ♪

材料（4人分）

じゃがいも…2個（300g）
牛乳…2・½カップ
顆粒コンソメスープの素…小さじ½
塩…小さじ½
パセリのみじん切り…適量

作り方

❶じゃがいもは皮をむき、乱切りにして水につけ、アク抜きする。少量の水で竹串を刺してスーッと通るぐらいまでゆで（または600Wの電子レンジで6〜7分加熱）、汁けを切る。
❷牛乳と❶をミキサーにしっかりかける。鍋に入れ、火にかけて、スープの素、塩を加えて温める。
❸器に注ぎ、パセリを散らす。

> POINT ●牛乳量はお好みで増やして。我が家では朝ごはんによく登場♪　1品でもおなかが満たされるので急ぎの朝に。

練習も追い込み。試合が近づいたので
お米がたくさん食べられる丼ものに！

肉みそビビンバ献立

• MENU •

肉みそビビンバ

はるさめ中華風サラダ

長いもと鶏肉のスタミナ炒め

🚩 献立の POINT!

・2日後の試合に向け、お米やいも類で**エネルギー
補給**。薬味を使って**食欲増進**、酢のクエン酸で
疲労回復効果を狙います。

・おなかがふくれる汁ものはあえて外して、今必要
な**炭水化物を多く**組み込んだ献立にしました。
副菜にも**長いもなど、糖質の多い食材**を使いま
す。

肉みそビビンバ

豚肉、卵、野菜、ごはんをバランスよく。
薬味たっぷりで、食欲増進効果があります。

材料（4人分）
豚ひき肉…400g
おろしにんにく…小さじ1
おろししょうが…小さじ1

A ┌ しょうゆ…大さじ1・½
　│ 砂糖…大さじ½
　│ 甜麺醤…大さじ1・½
　│ 酒…大さじ1
　└ みりん…大さじ1

ほうれん草…1束（200g）
もやし…1袋（250g）
にんじん…5㎝（50g）

B ┌ 顆粒鶏ガラスープの素…小さじ1
　│ ごま油…小さじ1・½
　└ 塩、こしょう…各少々

ごま油…大さじ1
温泉卵…4個
ごはん…茶碗山盛り4杯分

作り方
❶フライパンにごま油を熱し、ひき肉、にんにく、しょうがを炒める。
❷ひき肉に火が通ったらAを加え、水分が飛ぶまでしっかり炒める。
❸ほうれん草はざく切り、にんじんはせん切りにして、もやしとともにゆで（または600Wの電子レンジで3〜4分加熱）、しっかり水けを切って、混ぜ合わせたBであえる。
❹器にごはんを盛り、❷、❸を盛り合わせ、温泉卵をのせる。

> POINT ●試合前日や少食の子にも食べやすいごはんです。
> お好みでコチュジャンを加えてピリ辛にしてもいいよ♪

はるさめ中華風サラダ

はるさめは炭水化物でエネルギー源。
試合前向きの食材です。

材料（4人分）
はるさめ…50g
きゅうり…1本
にんじん…2㎝（20g）
卵…1個

A ┌ しょうゆ…大さじ2
　│ 酢…大さじ1
　│ 砂糖…大さじ½
　│ 顆粒鶏ガラスープの素…小さじ⅓
　└ ごま油…大さじ1

白いりごま…適量

作り方
❶はるさめはゆでて食べやすく切る。きゅうりはせん切りにし、塩少々（分量外）でもみ、洗って水けを絞る。にんじんはせん切りにする。
❷フライパンを熱し、溶いた卵を流し入れて薄焼き卵を作り、細切りにする。
❸ボウルにAを入れて混ぜ、❶、❷を加えて混ぜ、器に盛ってごまをふる。

長いもと鶏肉のスタミナ炒め

炭水化物量の多い長いもと、高たんぱくの鶏肉の
組み合わせでパワー全開。香味野菜で食欲増進！

材料（4人分）
長いも…400g
鶏もも肉…1枚（300g）
にんにくのみじん切り…1片分
しょうがのみじん切り…1かけ分
しょうゆ…大さじ2
みりん…大さじ4

作り方
❶長いもは皮をむき、1㎝厚さの半月切りにする。
❷鶏肉は余分な脂肪を除き、一口大に切る。
❸フライパンに鶏肉とにんにく、しょうがを加えて炒める。
❹肉に火が通ったら長いもを加え、焼き目をつけて炒める。
❺しょうゆ、みりんを加え、大きくフライパンをゆすりながらたれを絡ませる。

ピリ辛＋甘いたれを絡ませたチキンは、
ごはんが進む子どもが大好きな鉄板メニュー。

ジャンダレチキン献立

・MENU・

ジャンダレチキン

マカロニポテトサラダ

野菜たっぷり
ちょい辛はるさめスープ

ごはん

献立のPOINT

・食欲を落とさないために、あまり食べる気になれない**試合前は、栄養よりも子どもが好きなものをテーブルに並べて。**

・食欲がなくてもパスタやはるさめはするっと入るのでオススメ。食べやすく、しっかりエネルギーを確保できるものを。**試合前はおなかのはりを防ぐため、食物繊維のとりすぎは避けたほうがいいかも。**

ジャンダレチキン

脂質の多いもも肉でエネルギー量をアップ。
量が食べられないときは、食材選びに工夫を!

材料（4人分）

鶏もも（またはむね）肉…2枚（600g）
- 塩、こしょう…各少々
- 片栗粉…適量
A
- しょうゆ…大さじ2
- 酒…大さじ2
- はちみつ…大さじ1
- コチュジャン…小さじ1
- おろしにんにく…小さじ½
- おろししょうが…小さじ½
サラダ油…大さじ3〜4
白いりごま…適量
万能ねぎの小口切り…適量

作り方

❶鶏肉は一口大に切り、塩、こしょうをふり、片栗粉をまぶす。
❷フライパンに油を熱し、❶を揚げ焼きにし、キッチンペーパーにのせて油切りする。
❸耐熱ボウルにAを入れ、600Wの電子レンジで30〜40秒加熱したら❷を加え、たれを絡ませる。
❹器に盛り、ごま、万能ねぎをふる。

> POINT●コチュジャンを減らして辛みを抑えれば、小さなお子さんでも大丈夫です♡　はちみつは砂糖でも代用可能。

マカロニポテトサラダ

ポテトとマカロニ。2つの炭水化物を組み合わせ
試合に向けてエネルギーを蓄えます。

材料（4人分）

じゃがいも…2個（200g）
- 酢…小さじ2
- 砂糖…小さじ½
マカロニ…20g
ロースハム…3枚
パセリのみじん切り…大さじ4
ゆで卵のざく切り…1個分
ミニトマト…8個
A
- 牛乳…大さじ3
- マヨネーズ…大さじ2
- 塩、こしょう…各少々

作り方

❶じゃがいもは皮をむき、6〜8等分の乱切りにし、耐熱ボウルに入れてふんわりラップをかけ、600Wの電子レンジで5〜6分、竹串を刺してスーッと通るまで加熱する。フォークでつぶし、酢、砂糖を加えて混ぜる。
❷ハムはせん切りに、ミニトマトは半分に切る。
❸❶にゆで卵、ハム、ゆでたマカロニを加え、Aを加えて混ぜ、パセリを加える。
❹器に盛り、ミニトマトを添える。

> POINT●子どもたちが大好きなサラダ!　先にじゃがいもに味付けをするとマヨネーズが少量ですみます。

野菜たっぷりちょい辛はるさめスープ

食欲を増進させる薬味と、炭水化物を含むはるさめで、
少食の子でもしっかりエネルギーがとれます。

材料（4人分）

豚ロース切り落とし肉…150g
にら…1束（100g）
にんじん…3〜4㎝（40g）
はるさめ…40g
玉ねぎ…½個（100g）
コチュジャン…大さじ2
おろしにんにく…小さじ½
一味唐辛子…小さじ½

A
- 水…4カップ
- 顆粒鶏ガラスープの素…大さじ2
- しょうゆ…小さじ2
- 砂糖…小さじ½
ごま油…小さじ1

作り方

❶豚肉は一口大に、にらは3〜5㎝長さに、にんじんはせん切りに、玉ねぎは薄切りにする。
❷鍋にごま油を熱し、豚肉、玉ねぎ、にんじんの順に炒め、火が通ったらコチュジャン、にんにく、一味唐辛子を加えてざっと炒める。
❸Aを加え、中火にしてアクが出たら取り除く。
❹はるさめをキッチンばさみで切って加え、2〜3分煮たら、にらを加えて火を通す。

明日は試合だ！練習で夜が遅い日には
胃腸の負担が軽く、エネルギーがとれるものを！

ピリ辛みそ煮込みうどん献立

• MENU •

ピリ辛みそ煮込みうどん

かに卵あんかけオムライス

献立の POINT!

・疲れていてもつい食べたくなる＆しっかりエネルギーを確保できる献立に。うどんやとろみのついたあんかけごはんは、**胃にやさしく**食べやすい、代表的なメニューです。**薬味で食欲増進**！

・野菜類の**ビタミンは疲労回復にも必要**なので、温野菜にして一定量を摂取します。

ピリ辛味みそ煮込みうどん

野菜も炭水化物もしっかりとれて一石二鳥。
遅めの夕食は油を極力減らして、消化の負担を少なく!

材料(4人分)
豚もも切り落とし肉…300g
にんにくのみじん切り…1片分
しょうがのみじん切り…1かけ分
にら…1束(100g)
白菜…4枚(300〜400g)
玉ねぎ…½個(100g)
にんじん…4cm(40g)

A［
水…8カップ
顆粒鶏ガラスープの素…小さじ2
顆粒だしの素…大さじ2
酒…大さじ4
砂糖…大さじ2
みりん…大さじ2
しょうゆ…小さじ2
豆板醤…小さじ2
］

赤みそ…大さじ6
サラダ油…少々
ゆでうどん…4玉

作り方
❶豚肉は食べやすい大きさに切り、にら、白菜はざく切りに、玉ねぎは薄切りに、にんじんは細切りにする。
❷鍋に油を熱し、豚肉、にんにく、しょうがを炒め、肉の色が変わったらにんじん、玉ねぎ、白菜の芯を加えて炒める。
❸Aを加え、白菜の葉、にらを加えてアクを取りながら煮る。
❹みそを加えて弱火で沸騰しないようにコトコト煮込み、うどんを入れてさらに1〜2分煮る。

> POINT●みその種類は好みのものでOK。辛みは豆板醤で調整を。あまり刺激を与えず、ほどほどの辛さにしてね♪

かに卵あんかけオムライス

炊飯器で作るチャーハンなら油不要で、脂質減。
とろ〜りあんでさらりと食べやすい♡

材料(4人分)
米…2合
玉ねぎのみじん切り…½個分

A［
水…1・½カップ
顆粒鶏ガラスープの素…大さじ1
ごま油…小さじ1・½
塩、こしょう…各少々
］

かにかまぼこ…4〜5本
水…3カップ
顆粒鶏ガラスープの素…小さじ1・½
酒…大さじ1
塩…少々
水溶き片栗粉…適量
卵…8個
牛乳…大さじ4
塩、こしょう…各少々
サラダ油…少々
万能ねぎの小口切り…適量

作り方
❶炊飯器に米、玉ねぎ、Aを入れ、早炊きモードで炊く。
❷あんを作る。鍋にかにかま、水、スープの素、酒、塩を入れて沸騰させ、水溶き片栗粉でとろみをつけ、万能ねぎを散らす。
❸フライパンに油をひき、溶き卵、牛乳、塩、こしょうを混ぜて流し入れ、❶を包んでオムライスにする。
❹皿に盛り、❷のあんをかける。

> POINT●オムライスにせず、そのままあんかけチャーハンにしても絶品♡ 卵は牛乳を加えてソフトに焼きます。

お米以外にも、餅、そば、とろろなど
とにかく炭水化物てんこ盛りでパワー充電☆

絶品だれ！
豚肉の餅巻き 献立

絶品だれ！ 豚肉の餅巻き

小松菜の辛子マヨ

とろろそば

ごはん

⚑ 献立の POINT！

・**試合前日**は、とにかく**炭水化物量の多い食材でエネルギーをためる**ことが肝心。肉の餅巻きはごはんのおかずにもなります。消化の悪い肉や魚、野菜は余計にエネルギーを使うのでなるべく控えめにしてね。

・ごはん×餅×そば×とろろでこれでもかというぐらい炭水化物でいっぱいに！

絶品だれ！ 豚肉の餅巻き

餅とお米が同量の場合、餅のほうが炭水化物量が多く、
エネルギー量を確保しやすいです♪

材料（4人分）
豚もも薄切り肉…12枚
| 塩、こしょう…各少々
| 小麦粉…適量
切り餅…4個
A | しょうゆ…大さじ2
| 酒…大さじ2
| 砂糖…大さじ2
| みりん…大さじ2
| コチュジャン…小さじ2
サラダ油……大さじ1

作り方
❶豚肉は軽く塩、こしょうをふり、3等分に切り
分けた餅に巻き、小麦粉をまぶす。
❷フライパンに油を熱し、❶を入れ、ふたをして
焼く。
❸余分な油をペーパーでふきとり、Aを合わせた
たれを加え、煮絡める。
＊彩りにかいわれなど、青みのものを添える。

> POINT●お餅もおかずになるしっかり味のたれはピリ辛で。
> お米もガッツリ食べて、エネルギーチャージは万全！

小松菜の辛子マヨ

温野菜にするとカサが減ってたくさん食べられます。
辛子マヨにしょうゆを加え、ごはんにも合う副菜に。

材料（4人分）
小松菜…1束（200g）
にんじん…3〜4cm（約30g）
ツナ缶（オイル漬け）…1缶
A | マヨネーズ…大さじ1
| 練り辛子…小さじ½
| しょうゆ…小さじ½

作り方
❶小松菜は3cm長さに切り、にんじんはせん切り
にする。一緒に耐熱ボウルに入れ、ふんわりラッ
プをかけ600Wの電子レンジで3分ほど加熱し、
水けをギュッと絞る。ツナは油切りする。
❷ボウルにAを入れて混ぜ、❶を加えてあえる。

> POINT●野菜はしっかり水けを切り、ツナは油切りしてか
> らあえるのがコツ。辛子の量はお好みで！

食べる気になれない朝に最適な、食欲を刺激する味！
朝が早くても、炊飯器調理でラクできる♪

カレーピラフ献立

• MENU •

カレーピラフ
砂糖じょうゆ餅
バナナ

献立の POINT!

・食欲をかきたてる献立で、**炭水化物量をぎゅっと閉じ込めた、試合3時間前にオススメな献立**です。

・炊飯器使いは脂質もダウンできる調理法です。

・**食物繊維は胃腸の負担になる**ので極力外し、餅にはのりも巻きません。**砂糖は糖質**なので、しょうゆを加えて、甘辛だれの餅にしました。

 炭水化物 ビタミン類

カレーピラフ

材料（4人分）

米…2合
玉ねぎ…¼個（50g）
ピーマン…1個
にんじん…3cm（30g）
ベーコン…2枚
A｜
　水……1・½カップ
　カレー粉…小さじ2
　顆粒コンソメスープの素
　　…小さじ2
　トマトケチャップ…小さじ2
　バター…10g
　塩、こしょう…各適量

作り方

❶玉ねぎ、ピーマン、にんじん、ベーコンはすべてみじん切りにする。

❷洗った米を炊飯器に入れ、❶、Aを加えて早炊きモードで炊く。

POINT ● ごはんは多めの盛り付けに。うちの子どもは試合当日なら2人分ぐらい食べちゃいます。カレー粉は加減して！

試合時間を逆算して、3時間前には
おなかいっぱいに炭水化物をとり込もう!

しょうがうどん献立

• MENU •

- しょうがうどん
- とろろごはん
- カステラ
- バナナ
- 100% オレンジジュース

🚩 献立の POINT!

- **試合当日は炭水化物の摂取量が最大のキーポイント**! うどん、ごはん、バナナなどさまざまな食材の糖質をとることで、**時間差でエネルギーに変換させ**、パワー切れにならないようにします!
- カステラやバナナは消化が早く、素早くエネルギーに。持参させ時間差で食べてもいい♪

炭水化物

しょうがうどん

材料(4人分)
油揚げ…1枚
長ねぎ…½本
A ┌ 水…6カップ
　│ しょうゆ…大さじ2
　│ みりん…大さじ2
　│ 酒…大さじ2
　│ 顆粒だしの素…小さじ2
　│ 顆粒昆布だしの素
　└ 　…小さじ2
おろししょうが…小さじ2
ゆでうどん…4玉

作り方
❶油揚げは細切りに、ねぎは斜め薄切りにする。
❷鍋にAを沸かし、油揚げを加えて煮る。
❸うどん、ねぎを加え、しょうがを加える。
＊味をみて、足りなければ塩を加える。

> POINT● 試合前以外なら、野菜をたっぷり入れて、遅めの夕食にもオススメ。エネルギー切れにならないようお米も一緒に食べて!

朝からズルズルっと食べられる！
我が家の試合当日朝ごはんの定番♡

納豆パスタ 献立

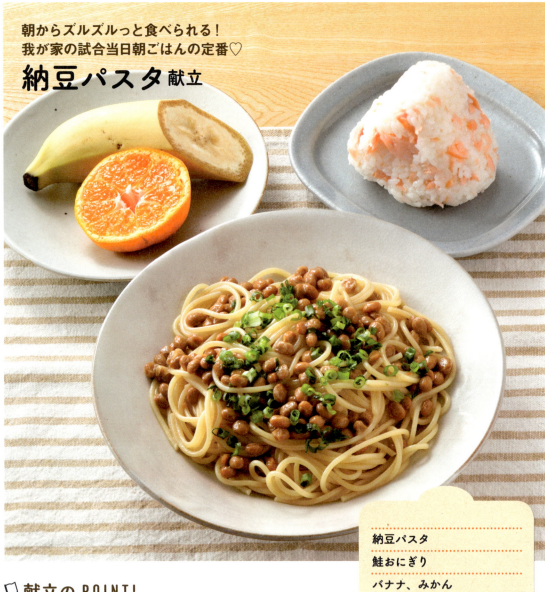

納豆パスタ
鮭おにぎり
バナナ、みかん

献立の POINT!

・疲れを取り、体にいいとされている
発酵食品の納豆と、**腹持ちの良いパ
スタ**がベストマッチ♡

・試合当日はミネラルや食物繊維はな
くても OK！ だから、おにぎりには
あえてのりもつけず、食物繊維のあ
る野菜もほとんどとりません。

納豆パスタ

材料（4人分）
スパゲッティ…400g
納豆…4パック
万能ねぎの小口切り…適量
A
　練り辛子…小さじ1
　めんつゆ（2倍濃縮
　　タイプ）…大さじ6
　しょうゆ…小さじ2
　ごま油…小さじ4

作り方
❶スパゲッティは袋に書いて
ある表示通りにゆでる。
❷ボウルに納豆、Aを合わせ
て混ぜる。
❸❶を加え、よくあえて器に
盛り、万能ねぎを散らす。

POINT ●たれは納豆についてくる
ものを利用してもいいです♪

体が温まるスープパスタは朝食の味方！
バナナやジャムサンドでも手軽にエネルギーを♪

水菜とベーコンのスープパスタ献立

•MENU•

水菜とベーコンのスープパスタ

いちごジャムサンド

バナナ、キウイ

🚩 献立の POINT!

・炭水化物の摂取を重視するために、
パスタの具は少なめで。また、スー
プパスタは脂質を抑えるメニュー。
汁ごとなので、**食欲がなくても**の
どごしよく食べられそう。

・**バナナやジャムサンド**は**手軽**に食
べられて、立派な**エネルギー源**に
なるので大助かり。消化に時間がか
かるので、サンドイッチにバターや
マヨネーズは NG。

炭水化物 ビタミン類

水菜とベーコンのスープパスタ

材料（4人分）

水菜…2株（100g）

ベーコン…4枚

スパゲッティ…340g

A ┌ 水…6カップ
　　顆粒昆布だしの素
　　　…小さじ2
　　顆粒コンソメスープ
　　　の素…小さじ2
　└ しょうゆ…小さじ⅔

にんにくのみじん切り…2片分

塩…少々

オリーブ油…大さじ1

作り方

❶スパゲッティは固めにゆで
る。水菜は3cm長さに、ベー
コンは細切りにする。

❷フライパンにオリーブ油、
にんにくを入れて炒め、ベー
コンもカリカリになるまで炒
める。

❸Aを加えてひと煮立ちさせ、
塩で味を調え、水菜を散らす。

❹スパゲッティを加え、サッ
と煮てスープごと器に盛る。

明日も試合だ！ 疲労を回復し、
活性酸素を除去するスタミナ丼でパワー全開

豚肉となすの照りたま丼献立

・MENU・

豚肉となすの照りたま丼

かぼちゃとブロッコリーの
チーズ焼き

あさりのにゅうめん

献立の POINT!

・連戦のときには**疲労回復**と、**活性酸素の除去**がマスト。活性酸素は激しい運動をしたりストレス
　…33ページ参照
　を受けたりするとより増えやすく、たまりすぎると、寿命が短くなるともいわれています。

・たれがお米にしみて食欲をそそる丼ものと、温かいめんで、エネルギー源の**炭水化物**もしっかり摂
　取。豚肉、緑黄色野菜、チーズ、あさりなどで、今日の試合で**失われた栄養素を補充**。明日に向
　けてパワーを蓄えます。

豚肉となすの照りたま丼

酢を使ってさっぱり食べやすく。クエン酸効果で
疲労回復、なすのポリフェノールで活性酸素を除去。

材料（4人分）

豚もも切り落とし肉…400g
- 塩、こしょう…各少々
- 酒…大さじ1
- 片栗粉…適量

なす…2〜3個（200g）

A
- しょうゆ…大さじ6
- みりん…大さじ2
- 酒…大さじ2
- 砂糖…大さじ3
- 酢…大さじ2
- おろしにんにく…小さじ1

サラダ油…大さじ1
ごはん…茶碗山盛り4杯分
温泉卵…4個
万能ねぎの小口切り…適量

作り方

❶豚肉に塩、こしょうをふり、酒をもみ込み、片栗粉をまぶす。なすは1〜2cm厚さの輪切りにする。
❷フライパンに油を熱し、❶の豚肉を焼き、なすも加えて炒める。
❸火が通ったらAを合わせたたれを加え、煮る。
❹器にごはんに盛り、❸と温泉卵をのせ、万能ねぎを散らす。

かぼちゃとブロッコリーの
チーズ焼き

かぼちゃとブロッコリーはβ–カロテンたっぷり。
かぼちゃからは糖質もGET。

材料（ココット4個分）

かぼちゃ…200g
ブロッコリー
　…½株（100g）
ミニトマト…4〜6個

マヨネーズ…大さじ2
塩、こしょう…各少々
ピザ用チーズ…適量

作り方

❶かぼちゃは一口大に切り、耐熱ボウルに入れてふんわりラップし、600Wの電子レンジで5〜6分加熱する。ブロッコリーは小房に分け、電子レンジで3分加熱するか、ゆでる。ミニトマトは半分に切る。
❷ボウルに❶のかぼちゃ入れ、マヨネーズ、塩、こしょうを加えて混ぜる。
❸ココットに❷、ブロッコリー、ミニトマトを盛り合わせ、チーズをのせてオーブントースターでチーズが溶けるまで焼く。

> **POINT** ●オーブントースターなら簡単♪　ビタミン、カルシウムを強化したいときに重宝。トマトも疲労回復効果あり。

あさりのにゅうめん

あさりは走って失った鉄分を補給できます。
鉄分はスタミナ源にもなるのでぜひ取り入れたい！

材料（4人分）

殻付きあさり（砂出し
　したもの）…400g
そうめん…1束（50g）
万能ねぎ…適量

A
- 水…4カップ
- 酒…大さじ2
- 顆粒だしの素
　…小さじ1

作り方

❶そうめんは固めにゆでる。
❷鍋にA、あさりを入れ、弱火で殻が開くまで煮る。
❸そうめんを加え、ひと煮したら火を止める。
❹器に盛り、3cm長さに切った万能ねぎを散らす。

今日の試合はめちゃめちゃ疲れた…
明日の試合に向け、疲労回復＆炭水化物摂取！

鶏肉とかぼちゃのスタミナ炒め献立

• MENU •

鶏肉とかぼちゃのスタミナ炒め
あさりとほうれん草の
レモンパスタ
にらともやしの韓国風ナムル
ごはん

🏳️献立のPOINT!

・主菜の**鶏むね肉**に含まれるイミダゾールペプチドという成分は、**疲労回復効果抜群**。ピリ辛味で
　ごはんの進む主菜に。

・レモン汁をかけたパスタは、糖質＆クエン酸摂取で疲労回復を狙います。

・副菜にも**活性酸素除去効果**のある**緑黄色野菜**を使い、温野菜にして量を確保します。

…33ページ参照

鶏肉とかぼちゃのスタミナ炒め

疲労回復効果のあるむね肉と、活性酸素を除去する
働きのあるかぼちゃを。にんにくで食欲増進させて。

材料（4人分）
鶏むね肉…2枚（500g）
　酒…小さじ2
　小麦粉…適量
かぼちゃ…300g

A　
しょうゆ…大さじ4
砂糖…大さじ3
酢…大さじ1
みりん…大さじ2
水…大さじ2
豆板醤……小さじ1

にんにくのみじん切り
　…2片分
サラダ油…大さじ1

作り方
❶鶏肉は皮をはがし、フォークで何カ所かしっかり刺し、繊維に沿って一口大のそぎ切りにする。酒をもみ込み、小麦粉をまぶす。
❷かぼちゃは一口大に切り、耐熱皿に入れてふんわりラップをし、600Wの電子レンジで5〜6分加熱する。
❸フライパンに油を熱して❶を入れ、中火でふたをして両面焼く。
❹❷とにんにくを加え、油が回る程度に炒める。
❺Aを合わせて❹に加え、火を強めてフライパンを大きくゆすり、たれを絡ませる。

あさりとほうれん草のレモンパスタ

あさり、ほうれん草、レモンは鉄分を吸収しやすい
組み合わせ！　疲労回復にも導きます。

材料（4人分）
殻付きあさり（砂出ししたもの）…250g
ほうれん草…½束（100g）
ベーコン…2枚
スパゲッティ…200g
にんにくのみじん切り…1片分
酒…大さじ3
顆粒コンソメスープの素…小さじ½
しょうゆ…小さじ½
オリーブ油…大さじ1
塩…ひとつまみ程度
レモン…½個

作り方
❶スパゲッティは固めにゆでる。ほうれん草は3〜4cm長さに切り、ベーコンは細切りにする。
❷フライパンにオリーブ油とにんにくを熱し、ベーコンを炒める。
❸あさり、酒を加え、ふたをして煮る。あさりの殻が開いたらスパゲッティを加えて混ぜ合わせる。
❹スープの素、しょうゆ、ほうれん草を加えてひと煮して、味をみて塩を加える。
❺器に盛り、くし形に切ったレモンを添える。

POINT ●スパゲッティの量は添える程度でもOK。

にらともやしの韓国風ナムル

胃腸にやさしい温野菜を中心に。
レンジを使った時短＆簡単レシピ。

材料（4人分）
にら…1束（100g）
もやし…1袋（250g）
にんじん…3cm（30g）

A　
ごま油…小さじ1
しょうゆ…大さじ½

A　
顆粒鶏ガラスープ
　の素…小さじ1
おろしにんにく
　…小さじ¼
砂糖…小さじ1

作り方
❶にらは3cm長さに切り、にんじんはせん切りにして、もやしとともに耐熱ボウルに入れ、ふんわりラップをして600Wの電子レンジで3〜4分加熱し、水けをギュッと絞る。
❷ボウルにAを合わせ、❶を加えて混ぜる。

POINT ●充分に水けを絞り、たれとよく混ぜ合わせて！

間食で栄養をプラス！
補食

1日3回の食事では満たせない、不足しがちな栄養素を補うために食べる間食を「補食」といいます。たんぱく質やカルシウムなどがしっかりとれるものがいいです。ここでは、ちょっとした時間に手軽に食べられるものを紹介します。朝ごはんにも向くメニューです！

食欲をそそる甘辛だれがポイント！

我が家の焼肉だれ DE 肉巻きおにぎり

豚肉とにんにく、しょうがの組み合わせで糖質の代謝、疲労回復、スタミナアップにも効果があります。

材料（7〜8個分）

ごはん…300g
片栗粉…大さじ1
豚肉（しゃぶしゃぶ用）…約10枚
A しょうゆ…½カップ
砂糖…大さじ4
白いりごま…大さじ1

A 豆板醤…小さじ½
ごま油…小さじ½
おろしにんにく…小さじ⅓
おろししょうが…小さじ⅓
サラダ油…少々
万能ねぎの小口切り…適量

作り方

❶ 温かいごはんに片栗粉を加え、よく混ぜる。
❷ ごはんを7〜8等分にして俵形に握り、豚肉を巻く。
❸ フライパンに油を熱し、❷を転がしながら焼く。
❹ 豚肉にしっかり火が通ったら、Aを混ぜたたれを大さじ3〜4加え、絡ませる。
❺ 皿に盛り、万能ねぎを散らす。
＊レタスなどを付け合わせる。

> POINT● たれは作りやすい分量。冷蔵庫で保存すると、1週間は日持ちします。

照り焼き風味の鶏肉が絶妙

大人気！鶏めし

甘めのごはんでエネルギーをしっかり補給。鶏肉と卵はハードな練習で壊れた筋肉を修復します。

材料（4人分）

鶏もも肉…1枚
A しょうゆ…大さじ5
砂糖…大さじ3
みりん…大さじ3

温かいごはん…2合分
万能ねぎの小口切り、刻みのり…各適量
温泉卵…4個

作り方

❶ 鶏肉は皮と脂肪を除き、1cmくらいに切る。
❷ フライパンに❶とAを入れ、2分ほど炒めて軽く煮る。
❸ 温かいごはんを加え、木べらなどで全体を混ぜ合わせ、器に盛る。
❹ 温泉卵を割り落とし、万能ねぎ、のりをかける。

> POINT● 練習後、試合後の補食に！ ごはんと混ぜず、丼にしてもいいですよ。

炭水化物 ビタミン類 ミネラル

おやつに食べたい包み焼きピザ♡

カルツォーネ

リコピンたっぷりのトマトソースに、鉄分のあるほうれん草、カルシウム豊富なチーズを入れて、免疫力を高める組み合わせに。

材料（4個分）

〈生地〉

A
- 強力粉…150g
- 砂糖…大さじ1
- 塩…小さじ½

湯…180㎖

小麦粉…150g

オリーブ油…大さじ1

ベーキングパウダー…小さじ1

〈トマトソース〉

玉ねぎのみじん切り…中1個分

にんにくのみじん切り…1片分

B
- トマト水煮缶…1缶
- 砂糖…小さじ1
- 顆粒コンソメスープの素…小さじ1

塩…小さじ½

オリーブ油…大さじ1

〈具〉

ほうれん草（ゆでて2〜3㎝に切る）…½束（100g）

コーン水煮缶…大さじ2

ピザ用チーズ…適量

ベーコンの細切り…適量

玉ねぎのスライス…¼個分

作り方

〈生地作り〉

❶ボウルにAを入れ、菜箸でぐるぐる混ぜ、湯を注いでさらに菜箸で混ぜる。

❷小麦粉、オリーブ油、ベーキングパウダーを加えたら、ひとまとめになるまで手で混ぜ、4等分する。

❸生地をめん棒で直径20㎝ほどの楕円形に薄くのばす。

〈トマトソース作り〉

❶フライパンにオリーブ油を熱し、にんにくを炒め、香りが出たら玉ねぎを加えてよく炒める。

❷Bを加え、木べらで混ぜながら5〜7分、水分を飛ばすように加熱し、塩で味を調える。

〈具をのせて焼く〉

❶生地の手前半分のところに、トマトソース、具をのせる。

❷生地の反対側を手前にかぶせ、生地のつなぎ目を指でしっかり閉じる。

❸220℃のオーブンで12分焼く。

> POINT ●我が家では休日の朝ごはんにも登場する大人気な1品♪　トマトソースは多めに作って冷凍保存可能。

たんぱく質 炭水化物 ミネラル

生地はお米の和風ピザ。意外なおいしさです！

カルシウムたっぷりライスピザ

カルシウムはなかなか体に蓄えられない栄養素。しらす、ごま、チーズでしっかり補いましょ♪

材料（4人分）

A
- ごはん…150g
- しらす…大さじ2
- 白いりごま…小さじ2
- ごま油…小さじ1
- しょうゆ…小さじ1

ピザ用チーズ…適量

万能ねぎの小口切り…適量

作り方

❶Aをすべて混ぜ合わせ、ラップの上に丸く平らに広げ、そのままフライパンに入れて焼く。

❷こんがり焼けたらひっくり返し、裏面を焼く。

❸チーズをのせ、溶けたら万能ねぎをかける。

> POINT ●ごはんは薄く広げ、カリカリに焼くとおいしい。

唐揚げにねぎの風味でパクッと食べられる！

ねぎ唐おにぎり

たんぱく質、脂質が多い唐揚げと、ごはんの糖質でエネルギーは充分。脂質が高いので試合前には向きませんが、練習時の補食に。

材料（2個分）

温かいごはん…適量
｜塩…適量
唐揚げ…2個
長ねぎのみじん切り
　…5cm分
しょうゆ…少々
マヨネーズ…小さじ2
焼きのり…適量

作り方

❶唐揚げは小さめに切り、ねぎ、しょうゆ、マヨネーズを加えて合わせる。
❷ごはんに塩を加え、❶を中に入れておにぎりにして、のりを巻く。

＊大根の一夜漬け（32ページ参照）を付け合わせる。

> POINT● 唐揚げを作った翌日の朝ごはんや補食にいかが？ねぎだれでひと味変えて！

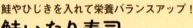

鮭やひじきを入れて栄養バランスアップ！

鮭いなり寿司

油揚げには抗酸化作用があるので積極的に摂取を。
…33ページ参照

材料（10個分）

ごはん…適量
塩鮭…1切れ
｜酒…少々
乾燥ひじき…3g
ゆでた枝豆…適量
油揚げ…5枚

A
水…1カップ
しょうゆ…大さじ2
酒…大さじ2
みりん…大さじ2
砂糖…大さじ3
塩…少々

作り方

❶油揚げは半分に切り、熱湯に通して油切りし、ざるに上げる。
❷フライパンにAを入れてひと煮立ちしたら❶を加え、5分煮たらひっくり返し、火を止めてそのままおく。
❸鮭は耐熱皿にのせ、酒をふりふんわりラップをして600Wの電子レンジで2分加熱する。粗熱がとれたら皮と骨をとりのぞく。
❹ボウルに温かいごはん、もどしたひじき、❸の鮭、枝豆を入れ、塩で味を調える。
❺❷の油揚げに❹のごはんを詰める。

> POINT● 試合後や練習後の補食に持たせたい！　見た目も色とりどりできれいでしょ☆

人気おにぎりの具をのり巻きに。

ちくわのツナマヨのり巻き

ハードな練習後の補食に向きます。たくさん消耗したエネルギーをごはんで、ちくわとツナでたんぱく質を補えます。

材料（1本分）

ちくわ…2本
ツナ缶（オイル漬け）
　…½缶
青じそ…2〜3枚
焼きのり…1枚
ごはん…適量
マヨネーズ…適量
塩…少々

作り方

❶ツナは油切りし、マヨネーズを合わせる。
❷ちくわの真ん中に、縦に3cmほどの切り込みを入れ、❶のツナを詰める。
❸ごはんを塩で味付けする。
❹のりにごはん、しそ、❷のちくわをのせて巻く。
❺食べやすく切って皿に盛る。

> POINT● ごはんは酢飯にしてもGOOD♪

小腹を満たし、ビタミンC、カルシウムの補給も。

ポテトピザ

じゃがいもは、エネルギー源に最適。
具はお好みのものでアレンジしてね♪

材料（28cmフライパン使用）

じゃがいも…3個（小さめ）
ウィンナーソーセージ…3本
ピーマン…1個
ピザ用チーズ…適量

A ┌ トマトケチャップ…大さじ3
　├ マヨネーズ…大さじ1
　├ しょうゆ…少々
　└ おろしにんにく…少々

オリーブ油…大さじ1

作り方

❶じゃがいもは皮をむき、薄くスライスする
（水にはさらさずそのまま使う）。ソーセージ
は斜め薄切りに、ピーマンは輪切りにする。
❷フライパンにオリーブ油を熱し、❶を敷き
詰め、ふたをしてじゃがいもに火が通るまで
5分ほど焼く。
❸Aを混ぜたソースをかけ、ソーセージ、チー
ズ、ピーマンをのせてふたをし、チーズが溶
けるまで焼く。

> **POINT** ●お好みでブラックペッパーをふってもOK。

パンをおしゃれにアレンジ♪

お手軽パングラタン

牛乳、チーズなどの乳製品は、たんぱく質、カルシウムなどが
バランスよくとれます。パンで糖質補給も！

材料（4人分）

食パン…4枚
ベーコン…160g
小麦粉…大さじ4
バター…20g
牛乳…1・⅔カップ弱
顆粒コンソメスープの素…小さじ½
塩…少々
ピザ用チーズ…適量
パセリのみじん切り…適量

作り方

❶食パンは一口大に切り、グラタン皿に入れ
ておく。ベーコンは細切りにする。
❷ホワイトソースを作る。耐熱ボウルに小麦粉
とバターを入れて600Wの電子レンジで1分
加熱し、よく混ぜる。牛乳を入れてさらにレン
ジで3分加熱したら、よく混ぜ、とろみが出て
きたらスープの素、塩で味を調える。
❸食パンの上に❷のホワイトソース、ベーコ
ンをのせ、チーズ、パセリをふる。
❹オーブントースターで5分ほど、表面がこ
んがりするまで焼く。

> **POINT** ●我が家の定番で子どもたちから大人気！　パ
> ンが余ったときにもいいですね。

ストック必須！
簡単に栄養がとれる
スタメン便利食材

はるはる家に常備してある、調理のときにあると便利で、
栄養も補える乾物や缶詰などをご紹介します。

乾燥わかめ

食物繊維、ミネラルが豊富。塩蔵わかめのように塩抜きの手間もなし。スープやあえもの、サラダに。みそ汁に入れるとわかめの食物繊維が余分な塩分を体外に排出する働きがあります。

乾燥ひじき

鉄分が多いのが特徴。たんぱく質と一緒にとると、吸収率が高まるので、大豆や油揚げ、鶏肉などと一緒に調理しましょう。サラダなどに使うときは、時間を長めにして、やわらかくもどして。

切り干し大根（乾物）

大根を日に干して乾燥させた切り干し大根は、太陽の光を浴びることで、糖化されて甘味がさらに増し、栄養価もアップしています。普通の大根に比べてカルシウムは23倍、鉄分は49倍！

ツナ缶

まぐろ（またはかつお）の身が材料。成長期の脳にもいいDHAやEPAという不飽和脂肪酸を多く含みます。油漬けはコクがありますが、私は開けた缶のふたで中身を押さえ、油を切ってから使います。

ごま

ビタミンE、セサミンなどが含まれ、疲労蓄積のもとになる活性酸素を除去する働きがあります。ほかにもカルシウム、鉄分、ビタミンB群など栄養たっぷり。ひとふりすれば、栄養価が上がります。

トマト缶

缶詰は完熟したものを加工しているため、生のトマトに比べてリコピンを2〜3倍も多く含んでいます。リコピンには優れた抗酸化作用があります。油と一緒に摂取すると吸収がよくなります。

高野豆腐

アスリートに向く高たんぱく、低脂肪食材の代表！ アミノ酸が豊富で、脂質の代謝を促進する大豆サポニンや、骨粗鬆症を防ぐイソフラボンほか、カルシウム、マグネシウムなども豊富。

お餅

少ない量でも栄養価が高いうえに、腹持ちがいい。持久力が必要なときに適した食べ物で、試合前などで炭水化物を補給したいときにピッタリ！ 1個ずつパックしてあるタイプをいつもストック。

削りがつお

カリウムやビタミンDを含み、栄養があってうまみ成分・イノシン酸もたっぷり。味が物足りないときも、コクを加えてくれます。1パック2.5g入りの小包装だと、使い切りサイズで、便利！

＊活性酸素、抗酸化作用…33ページ参照

第 4 章

試合後や練習後に！
疲れをとるための献立

試合後は疲労回復とコンディションを整えることを考えます。この章では、試合後や帰宅が遅くなったとき、疲れたときに食べてほしい献立を紹介します！

破壊された筋肉の補強のため、たんぱく質はやや多めにとれるように。また、抗酸化作用の高い食材を中心に取り入れます。

血液をさらさらにし、疲れをとるネバネバ食材（長いも、オクラ、めかぶ、納豆など）や、疲労回復ビタミンといわれるビタミンB₁の効果をサポートするアリシン（にんにく、長ねぎ、玉ねぎなど）なども積極的に食べるのがオススメ♪

この章で大切な栄養素

・鉄（ミネラル）	貧血予防に向いています。走る、ぶつかるなどでも破壊されてしまいます。（まぐろ、ひじき、油揚げなど）
・ビタミンC	鉄の吸収をよくし、活性酸素を取り除く、抗酸化作用があります。ストレスに対抗する力も。（きゅうり、レモン、トマトなど）
・ビタミンB₁	不足すると疲労につながります。（豚肉、ハム、たらこなど）
・ビタミンE	体内の酸化を防ぎ、血行促進や体を温める効果があります。（アボカド、ナッツ、卵など）

…33ページ参照

今日の試合、お疲れさま！　子どもが大好きなハンバーグや
まぐろなら、しっかり食べられそう！

豆腐ハンバーグ
きのこおろしソース献立

• MENU •

豆腐ハンバーグ
きのこおろしソース

まぐろとアボカドのわさびマヨ

ヨーグルトのごまドレサラダ

かぼちゃの甘辛炒め

えのきだけ、にんじん、豆腐、
油揚げのみそ汁

ごはん

グレープフルーツ

🚩 献立のPOINT!

・試合で失われた**ビタミン**、**ミネラル**、**たんぱく質**などの栄養素をしっかり補給。**消化にいい**豆
　腐や大根おろし、**疲労回復**にいい**ビタミンたっぷりのかぼちゃや柑橘系の果物**を添えて。

・**まぐろ**の赤身は鉄分、**アボカド**はビタミンEやミネラルが豊富。2つは味がよく合うだけでなく、
　栄養的にも**血行促進になる組み合わせ**。

豆腐ハンバーグきのこおろしソース

大根に含まれる消化酵素は加熱に弱いので、
生の大根おろしも添えるのがポイント！

材料（4人分）

〈ハンバーグ〉

豆腐ハンバーグ…6〜8個
〈材料・作り方はロコモ
コ丼（57ページ）参照〉

〈きのこおろしソース〉

しめじ…½パック
えのきだけ…½袋

A｜
しょうゆ…大さじ2
酒…大さじ1
みりん…大さじ1
砂糖…大さじ½
水…1・½カップ

大根おろし…1カップ
水溶き片栗粉（片栗粉小
さじ1＋水小さじ2）
青じそのせん切り
…3〜4枚分

作り方

❶しめじは小房に分け、えのきだけは半分に切る。

❷フライパンでハンバーグを焼き、取り出す。焼いたあとのフライパンで❶を炒める。

❸Aを加えて少し煮詰めたら、大根おろしの半量を加え、ひと煮立ちする。

❹水溶き片栗粉でとろみをつける。

❺ハンバーグの上に❹のソースをかけ、青じそを散らし、残りの大根おろしを添える。

ヨーグルトのごまドレサラダ

ドレッシングにヨーグルトを加え、ひと工夫を♪
ブロッコリーやじゃがいもなどの温野菜にも合います。

材料（4人分）

ささみ…2本
｜酒…少々
水菜…2株（100g）
トマト…大1個（300g）
きゅうり…1本
グリーンアスパラガス
…2本

コーン水煮缶…大さじ4

A｜
プレーンヨーグルト
…大さじ4
白すりごま…大さじ4
砂糖…小さじ4
しょうゆ…小さじ4

作り方

❶ささみは筋を除き、切り開いて耐熱皿に入れる。酒をふってふんわりラップをかけ、600Wの電子レンジで2分加熱する。粗熱が取れたらほぐす。

❷水菜は3cm長さに切り、トマトはくし形に、きゅうりは斜め切りにする。グリーンアスパラは半分に切ってラップをかけ、600Wの電子レンジで2分加熱する。

❸ボウルにAを合わせドレッシングを作る。

❹器に❶、❷、コーンを盛り、❸をかける。

まぐろとアボカドのわさびマヨ

試合で失われた鉄分を補い、
わさびが食欲増進を助けます。

材料（4人分）

まぐろ…100g
アボカド…1個

A｜
しょうゆ…大さじ½
マヨネーズ…大さじ½
酢…小さじ1
ごま油…小さじ¼
練りわさび…少々

作り方

❶まぐろ、アボカドは小さめの角切りにする。

❷ボウルにAを合わせ、❶を加えて混ぜる。

POINT● アボカドはよく熟したものを。わさびの量は好みで加減してくださいね。

かぼちゃの甘辛炒め

かぼちゃは糖質やビタミンをたっぷり含み、
アスリートをサポートする万能野菜！

材料（4人分）

かぼちゃ…250g

A｜
砂糖…大さじ2
しょうゆ…大さじ1・½

酢…小さじ1

白いりごま…小さじ1
サラダ油…小さじ2

作り方

❶かぼちゃは2cm幅に切り、角切りにして耐熱皿に入れ、ふんわりラップをかけ、600Wの電子レンジで3〜4分加熱する。

❷フライパンに油を熱し、❶を焼く。

❸❷にAを入れて煮絡めたら、酢を加える。皿に盛り、ごまをふる。

疲れているけどガッツリ食べたい
＆筋肉を補強したいときは鶏肉が大活躍♡

鶏肉と厚揚げの中華炒め献立

• MENU •

鶏肉と厚揚げの中華炒め

ブロッコリーと卵の
ナッツサラダ

もやしとささみのナムル

わかめスープ

ごはん

りんご、みかん

献立の POINT!

・速やかに疲れをとり、試合で壊れた筋肉を補強するのに効果的な、**鶏むね肉やささみ**を積極的に入れました。パプリカやブロッコリーなどの**緑黄色野菜**もたっぷり食べられるよう組み合わせれば、ボリューム満点です。

・薬味を取り入れ、食欲がわくように工夫。**味付けも中華風や洋風など、変化**をつけて。

鶏肉と厚揚げの中華炒め

さっぱりしたむね肉に、コクのある厚揚げの組み合わせ。
厚揚げは湯通ししてから使うと味がよくしみます。

材料（4人分）
鶏むね肉…2枚（500g）
酒…小さじ2
しょうゆ…小さじ1
片栗粉…大さじ3
厚揚げ…1枚
パプリカ（赤）
…大½個（70g）
なす…1個
ピーマン…2個

オイスターソース…大さじ1
しょうゆ…大さじ2
砂糖…大さじ2　A
みりん…大さじ1
豆板醤…小さじ1
酒…大さじ1
にんにくのみじん切り…1片分
しょうがのみじん切り…1かけ分
長ねぎのみじん切り…5cm分
ごま油…大さじ1

作り方
❶鶏肉は皮を除き、フォークで何カ所か刺し、繊維に沿って一口大にそぎ切りにし、しょうゆ、酒をもみ込む。少しおき、片栗粉をまぶす。厚揚げは縦半分に切り5等分にして、熱湯をかける。パプリカ、なす、ピーマンは乱切りにする。
❷フライパンにごま油を熱し、鶏肉を入れふたをして両面焼き、取り出す。
❸なす、厚揚げを加えて炒め、なすがやわらかくなったらパプリカ、ピーマンを加えて炒める。
❹❷の鶏肉を戻し入れ、にんにく、しょうがとAの合わせだれを加えて、少し火を強めて絡めるように炒め、ねぎを散らして火を止める。

ブロッコリーと卵のナッツサラダ

ナッツの歯ごたえが楽しい、栄養たっぷりのサラダです。

材料（4人分）
ブロッコリー
…1株（200g）
ゆで卵…2個
バターピーナッツ…30g

プレーンヨーグルト
…大さじ2
マヨネーズ…大さじ2　A
しょうゆ…小さじ1
塩…ひとつまみ

作り方
❶ブロッコリーはゆでてしっかり水切りする。ゆで卵は8等分に切り、ピーナッツは砕く。
❷ボウルにAを合わせ、❶を加えて混ぜる。

もやしとささみのナムル

もやしはアスパラギン酸を含み、疲労回復効果が。
酢も疲れをとるので、相乗効果で元気になります♪

材料（4人分）
もやし…1袋（250g）
きゅうり…2本
ささみ…2本
酒…少々

しょうゆ…大さじ2
砂糖…小さじ2
ごま油…小さじ2　A
酢…小さじ1
おろしにんにく…小さじ⅓
おろししょうが…小さじ⅓

作り方
❶もやしは洗い、水けのついたまま耐熱ボウルに入れ、ふんわりラップをかけて600Wの電子レンジで3分加熱する。
❷きゅうりは斜め薄切りにしてからせん切りに。❶のもやしときゅうりはギュッと水けを絞る。
❸ささみは筋を除き、切り開いて耐熱皿にのせ、酒をふってふんわりラップをかけ、600Wの電子レンジで2分加熱し、粗熱がとれたらほぐす。
❹ボウルにAを合わせ、❷、❸を加えて混ぜる。

> POINT● 野菜は水切りをしっかり！　水っぽくなりやすいので食べる直前に調味料と合わせること。

わかめスープ

ミネラル、食物繊維の多い海藻はぜひ取り入れたい。
肉料理にも、さっぱりしてよく合います。

材料（4人分）
乾燥わかめ…大さじ1
長ねぎ…½本
しょうがのせん切り
…1かけ分
しいたけ…2個

水…4カップ
顆粒鶏ガラスープの素
…小さじ4　A
酒…大さじ2
塩、こしょう…各適量
ごま油…小さじ1
白いりごま…適量

作り方
❶わかめは水でもどし、食べやすく切る。しいたけは薄切りに、ねぎはみじん切りにする。
❷鍋にごま油を熱し、しょうがとねぎを炒める。
❸❷にしいたけ、Aを加えて煮立たせ、わかめを加え、塩、こしょうで味を調え、ごまをふる。

> POINT● 我が家の定番スープ♪　朝ごはんにもよく登場します。しょうがを加えると体がぽかぽかに。

疲れがとれないときは、食事で疲労回復！
わき役のにんにくや梅干しが決め手。

鶏肉のゆずこしょう南蛮漬け献立

• MENU •

鶏肉のゆずこしょう南蛮漬け

にんにく肉じゃが

なすの梅しそあえ

わかめしらすごはん

大根、豆腐のみそ汁

いよかん

献立のPOINT!

・**にんにくは代謝を高め**、鶏むね肉には**疲労回復**効果があります。**梅干しのクエン酸**や**野菜のビタミンは疲労回復をサポート**します。クエン酸を含む果物を添えてね。

・炭水化物も元気の素。ごはんに、**ミネラル豊富なわかめ**や、**カルシウムを含むしらす**を加えれば、食べやすくなります。

鶏肉のゆずこしょう南蛮漬け

ゆずこしょうの「こしょう」は青唐辛子のこと。
血行をよくする効果があります。

材料（4人分）
鶏むね肉
　…2枚（約600g）
砂糖…小さじ1
塩…少々
マヨネーズ…大さじ1
酒…小さじ2
片栗粉…適量
玉ねぎ…½個（100g）
きゅうり…1本

にんじん…5㎝（50g）

A｛
酢…大さじ3〜
砂糖…大さじ3
しょうゆ…大さじ2
ゆずこしょう
　…小さじ1（お好みで）
赤唐辛子の小口切り
　…適量

大根おろし…3〜4㎝分
サラダ油…大さじ3〜4

作り方
❶むね肉は皮を取り、フォークで何カ所か刺し、繊維に沿ってそぎ切りにして砂糖をもみ込み、塩、マヨネーズ、酒を加えて、15分ほどおく。下味がついたら片栗粉をまぶす。
❷玉ねぎは薄切りに、きゅうりは斜めに切ってせん切りに、にんじんはせん切りにする。
❸ボウルにAを混ぜ、❷を加えて混ぜ合わせ、しばらくおく。
❹フライパンに油を熱し、むね肉を揚げ焼きしたら油切りし、❸に加える。先に漬けておいた野菜はむね肉の上におく。
❺❹に大根おろしを汁ごとかける。

なすの梅しそあえ

なすの皮に含まれるポリフェノールが活性酸素を除去。
梅干しは食欲を増進させます。　　…33ページ参照

材料（4人分）
なす…2個（140g）
｜塩…小さじ1
A｛梅干しをたたいた
　　もの…3個分

A｛
青じそのせん切り…2枚分
削りがつお
　…1パック（2.5g）
白すりごま…小さじ1
ごま油…少々

作り方
❶なすは縦半分に切り、斜め薄切りにする。塩をもみ込み、しんなりしたら水で洗い流し、ギュッと絞る。
❷ボウルにAを入れて混ぜ、❶をあえる。

にんにく肉じゃが

にんにくは疲労回復に最適。
豚肉と合わせると効果は一層高まります。

材料（4人分）
じゃがいも…3個（350g）
豚もも薄切り肉…100g
にんにく…2片
玉ねぎ…½個（100g）
にんじん…5㎝（50g）

A｛
水…½カップ
酒…大さじ1
砂糖…大さじ1・½

しょうゆ…大さじ2・½
みりん…大さじ2
サラダ油…少々

作り方
❶豚肉、じゃがいもは一口大に切り、にんにく、玉ねぎ、にんじんは薄切りにする。
❷鍋に油を熱し、豚肉、にんにくを炒め、じゃがいも、玉ねぎ、にんじんを加えて炒める。
❸Aを加え、落としぶたをして、3〜4分煮る。
❹しょうゆ、みりんを加え、じゃがいもがやわらかくなるまで弱火の中火で5〜6分煮る。

> **POINT●** にんにくはよく炒め、香りを出してから煮込んで
> ♡　調味料は2回に分けて加え、じっくり味をしみさせます。

わかめしらすごはん

たっぷり作っておにぎりにすれば、
補食やお弁当にもってこい。

材料（4人分）
乾燥わかめ…6g
しらす…60g
白いりごま…適量

A｛
ごま油…大さじ½
酒…大さじ1
みりん…小さじ1
塩…少々

ごま油…小さじ2
ごはん…茶碗4杯分

作り方
❶わかめは水につけてもどし、粗めのざく切りにする。
❷フライパンにごま油を熱し、しらすを炒める。
❸わかめを加え、Aを加えて炒め、火を止める。ごまを加えて混ぜる。
❹ボウルに❸、温かいごはんを入れて混ぜ合わせる。

筋トレ後にいい、たんぱく質＆ビタミンが豊富なメニュー。
梅の酸味がきいてモリモリ食べられる！

豚ロースの甘酢ねぎ梅だれ献立

献立の POINT!

・お肉がなくても満足できるよう、味はもちろん、食感もバラエティ豊かにしました。

・血管や細胞を傷つける活性酸素を撃退するのは抗酸化物質。抗酸化作用のあるにんにくやト

…33ページ参照　　　　　　　…33ページ参照

マト、にんじんなどの緑黄色野菜もたっぷり取り入れて。

豚ロースの甘酢ねぎ梅だれ

梅干しはしそ梅を使用。酸味が苦手なら
はちみつ梅を使い、砂糖の量を減らしてね♡

材料（4人分）

豚肉（ロースカツ用）…4枚
｜塩、こしょう…各少々
梅干し…小5〜6個
長ねぎ…½本
A ┌ 酢…大さじ2
　│ 砂糖…大さじ1
　│ ごま油…小さじ2
　└ しょうゆ…小さじ2
青じそのせん切り…2枚分

作り方

❶豚ロース肉を2〜3cm長さに切り分け、塩、こしょうをふる。梅干しは種を取って包丁でたたく。ねぎはみじん切りにする。

❷フライパンを熱し、豚肉を両面しっかり焼く。

❸ボウルにAを混ぜ、梅干し、ねぎも加えて混ぜ、たれを作る。

❹豚肉が焼けたら皿に盛り、❸のたれをかけ、青じそをのせる。

まぐろのネバネバばくだん

ネバネバ食材は、疲れをとる効果があります。
胃の粘膜を守り、免疫力もアップ！

材料（4人分）

まぐろ…1さく（150g）　　めかぶ…2パック
納豆…2パック　　　　　　卵黄…4個
オクラ…3本　　　　　　　めんつゆ（2倍濃縮タイプ）
　　　　　　　　　　　　　　…適量

作り方

❶まぐろは角切りにする。オクラはさっとゆで、小さく切る。

❷器にまぐろ、納豆、オクラ、めかぶを盛り合わせ、卵黄をのせ、めんつゆ（またはしょうゆや納豆のたれなど）をかける。

POINT● 山いもをすって加えてもGOOD！

豆腐がんも

豆腐は低カロリーの植物性たんぱく質。
鉄分が多いひじきも入れてね。

材料（5〜6個分）

もめん豆腐
　…1丁（300g）
にんじん…3cm（約30g）
乾燥ひじき…5g
枝豆…80g

A ┌ おろししょうが
　│ 　…小さじ⅓
　│ 塩…小さじ⅓
　│ 酒…大さじ½
　│ しょうゆ…小さじ1
　└ 片栗粉…大さじ2
サラダ油…大さじ3〜4

作り方

❶豆腐はしっかりと水切りする。にんじんはせん切りに、ひじきは水でもどして水けを切り、枝豆はゆでる。

❷ボウルに❶を入れ、Aを加えて手でよく混ぜ合わせ、5〜6等分の大きさに丸める。

❸フライパンに油を熱し、❷を両面揚げ焼きする。

POINT● 豆腐の水切りをしっかりしてね！

トマトのオニオンサラダ

トマトのリコピンと生で食べる玉ねぎの辛み成分は
代謝を促進。疲労回復＆元気になるサラダです。

材料（4人分）

トマト…大1個（300g）
玉ねぎ…½個（100g）
A ┌ しょうゆ…大さじ1
　│ 酢…大さじ½
　│ 砂糖…小さじ1・½
　└ ごま油…小さじ1

作り方

❶トマトはざく切りにする。玉ねぎはスライサーで切り、水につけて辛みをとり、手でギュッと水けを絞る。

❷ボウルにAを入れて混ぜ、トマト、玉ねぎを加えて混ぜる。

POINT● 新玉ねぎじゃなくても辛みはなくさっぱりになります。試合後の献立に組み込むのもオススメ！

夜遅い帰宅のときは、見た目も味もほっこり
やさしいおかずで、しっかり栄養補給しましょう♪

白身魚のホイル焼き献立

献立のPOINT!

・胃への負担をできるだけ軽減させ、栄養バランスがよくなるよう、白身魚や鶏ひき肉、ささみなどを使用。

・**遅い時間の帰宅でも、あっさりと食べやすい組み合わせ**にしました。

・**低脂肪の食材**を選び、ホイル焼きなどの調理法で脂質はなるべくカットし、**消化をよく。**

・寝る前に体を温めるとよく眠れるので、**野菜たっぷりスープ**も加えます。

白身魚のホイル焼き

**高たんぱく、低脂肪で、消化にいい！
ホイル焼きにして、脂質を抑えて。**

材料（4人分）

たら…4切れ
｜塩、こしょう…各少々
玉ねぎ…1個
しめじ…1パック
ししとうがらし…8本
酒…大さじ2
バター…少々
レモンの薄切り…4切れ

作り方

❶たらに塩、こしょうをふる。玉ねぎは薄切りに、しめじは小房に分ける。

❷アルミホイルにたら、玉ねぎ、しめじ、ししとうをのせ、酒をふり、バターをのせて包む。

❸フライパンに❷をおき、アルミホイルの底が隠れるぐらいの水を加えてふたをし、中火にかける。水が沸騰したら弱火にして10分ほど加熱する。

❹火を止め、レモンを添える。

> **POINT**●夜遅くに食べるなら、胃の滞留時間が長いバターは極力少なめに。お好みで最後にしょうゆをかけて♡

ささみときゅうりのねぎ梅おかか

ささみのたんぱく質と梅のクエン酸で疲れた体をサポート。きゅうりでさっぱりし、食が進みます。

材料（4人分）

ささみ…2本
｜酒…少々
きゅうり…1本
塩…少々
梅干し…2個

A｜削りがつお…1パック（2.5g）
長ねぎのみじん切り…5cm分
しょうゆ…大さじ½
みりん…大さじ1
白いりごま…小さじ2

作り方

❶ささみは筋を除き、切り開いて耐熱皿にのせ、酒をふる。ふんわりラップをかけ、600Wの電子レンジで2分加熱し、粗熱がとれたらほぐす。

❷きゅうりは薄切りにし、塩をもみ込み、しんなりしたら洗い流して手でギュッと絞る。梅干しは種を取り、包丁でたたく。

❸ボウルにAと梅を入れて混ぜ、ささみときゅうりをあえる。

> **POINT**●しそ梅を使いましたが、お好みの梅干しでOK。オススメ副菜です♪

鶏団子の塩スープ

具だくさんの食べるスープ。たんぱく質もしっかり摂取できます。しょうがを加え、体を芯から温めて。

材料（4人分）

鶏ひき肉…300g
玉ねぎのみじん切り…½個分（100g）
卵…1個
おろししょうが…小さじ⅓
塩、こしょう…各少々
えのきだけ…½袋
レタス…4〜8枚
A｜水…5カップ
顆粒鶏ガラスープの素…小さじ4
酒…大さじ2
塩…少々（味をみて）

作り方

❶ボウルにひき肉、玉ねぎを入れ、溶いた卵、しょうが、塩、こしょうを加えて混ぜる。えのきは半分に切り、レタスは大きくちぎる。

❷鍋にAを入れて火にかけ、沸騰したら❶の肉だねをスプーンで団子状にしてすくい入れ、えのきも加える。

❸鶏団子に火が通ったらレタスを加え、サッと煮て塩で味を調える。

> **POINT**●スープにはるさめを入れたり、煮込みうどんにすると、糖質もしっかりとれて、満足感のある主食になります。

遅い時間でも、サラサラ食べられるお茶漬け。
だしの味に癒されます♪

ほっこり鶏だし茶漬け献立

• MENU •

ほっこり鶏だし茶漬け
油揚げロールのおろしぽん酢

献立のPOINT!

・夕食時間が遅すぎる場合、翌日の朝食に影響しやすいので、**量をボリュームダウン**してね。
　でも練習後の体は、失われた栄養素を補給することが大切なので、**必ず食べて!**

・たんぱく質、糖質もしっかりとりましょう。脂質を減らし、胃に負担のない食材を選びます。

・**大根おろしは消化促進に最適**。サラサラ食べられるお茶漬けが決め手。よく噛んで食べてね!

ほっこり鶏だし茶漬け

**食欲がなくてもさらっと食べやすく、
たんぱく質もしっかり摂取。**

材料（4人分）
鶏もも肉…1枚（300g）
しいたけ…2個
水…6カップ

A
┌ 顆粒だしの素…小さじ2
│ 顆粒昆布だしの素…小さじ2
│ 塩…小さじ2/3
│ しょうゆ…小さじ1
│ 酒…大さじ2
└ おろししょうが…小さじ1/2

卵…2個
ごはん…茶碗4杯分
白いりごま…大さじ1
万能ねぎの小口切り…2本分
刻みのり…適量

作り方
❶鶏肉は脂肪を取り除き、小さめに切る。しいたけは細切りにする。
❷鍋に水、鶏肉、しいたけを入れ、アクを取りながら煮る。
❸Aを加え、煮立ったら溶き卵を流し入れる。
❹器に温かいごはんを盛り、❸をかけ、ごま、万能ねぎ、のりを散らす。

> POINT ● もも肉はだしが出ておいしいですが、さらに消化をよくしたいなら、ささみに替えておじやにしてね。

油揚げロールのおろしぽん酢

**大根おろしは消化酵素たっぷり♪
レンジを使えば簡単に蒸し煮ができます！**

材料（4人分）
鶏ひき肉…100g
小松菜…1株（20g）
えのきだけ…1/3袋
油揚げ…2枚
片栗粉…適量

A
┌ しょうゆ…小さじ1
│ 酒…小さじ1
│ おろししょうが…小さじ1/3
└ 塩、こしょう…各少々

大根おろし…3〜4cm分
ぽん酢…適量

作り方
❶小松菜とえのきはみじん切りにする。油揚げは切り開いて1枚にする。
❷ボウルにひき肉、小松菜、えのき、Aを入れてよく混ぜる。
❸油揚げに片栗粉を軽くふり、❷の具を敷き詰め、手前からくるくる巻く。
❹ラップで包み、耐熱皿にのせ、600Wの電子レンジで3分加熱し、粗熱が取れるまで放置する。
❺❹を4〜5等分に切り分け、大根おろし、ぽん酢をかける。

＊彩りにかいわれ菜などの青みを散らして。

> POINT ● 試合後の献立に加えるのもオススメです♪

食欲がなくても食べやすい
1品で万能レシピ！

練習後は食べたくなくても食べなければ、疲れがとれません。お米がしっかり食べられるもの、食欲がなくても食べやすいもの、少量でもエネルギーが高いものなどをご紹介します！

カレー風味はつい手がのびちゃう魔法の味！

チキンのトマトカレースープ

手軽なトマト缶を使用。カレー風味で食欲をかきたてます。たんぱく質とリコピンが豊富で免疫力がアップします。

材料（4人分）

鶏もも肉…1枚（250g）
にんじん…3cm（30g）
しめじ…1パック
カレー粉…小さじ2

A｜水…2カップ
｜トマト水煮缶…1缶
｜牛乳…½カップ

A｜顆粒コンソメスープの素…小さじ2
｜顆粒鶏ガラスープの素…小さじ2
｜砂糖…小さじ½

塩…適宜
パセリのみじん切り…適量

作り方

❶もも肉は脂身を除き、一口大に切る。にんじんは半月切りに、しめじは小房に分ける。
❷鍋でもも肉、にんじん、しめじを炒め、カレー粉をふり混ぜる。
❸Aを加え、途中でアクを取りながら、にんじんがやわらかくなるまで煮る。
❹味をみて足りなければ塩で調える。
❺器に盛り、パセリを散らす。

> **POINT**●遅い日の夕食にもオススメ♪　牛乳が入ることでまろやかになります。

パワーアップ食材が勢ぞろい！

定番スタミナ丼

試合前の献立や、試合後に持たせるお弁当にも向きます♪

材料（4人分）

豚もも切り落とし肉…400g
酒…大さじ1
しょうゆ…大さじ1
小麦粉…適量
玉ねぎ…½個（100g）
にら…1束（100g）
にんじん…2cm（20g）

A｜しょうゆ…大さじ4
｜酒…大さじ4
｜みりん…大さじ4
｜砂糖…大さじ2
｜豆板醤…小さじ1〜
｜にんにくのみじん切り…2片分

サラダ油…少々
ごはん…茶碗4杯分
目玉焼き…4個

作り方

❶豚肉に酒、しょうゆをもみ込み、10分ほどおき、小麦粉をまぶす。玉ねぎは薄切りに、にんじんは細切りに、にらは3〜4cm長さに切る。
❷フライパンに油を熱し、豚肉を炒め、玉ねぎ、にんじんも加えて炒める。
❸しっかり火が通ったら合わせておいたAを加えて全体を混ぜ、にらも加えてサッと炒める。
❹器にごはんを盛り❸をかけ、目玉焼きを添える。

食べるかぼちゃスープ

少量でも栄養満点、甘くて濃厚です！
食欲がないとき、これだけでも食べてくれたら安心♪

材料（4人分）

かぼちゃ…300g
鶏もも肉…1枚（250g）
玉ねぎ…½個（100g）
ブロッコリー…1株（200g）
A 牛乳…2・½カップ
　顆粒コンソメスープの素…小さじ2
生クリーム…½カップ
塩、こしょう…各適量
サラダ油…少々

作り方

❶かぼちゃ、もも肉は一口大に切り、玉ねぎは薄切りにし、ブロッコリーは小分けにする。
❷油を熱した鍋で、鶏肉、かぼちゃ、玉ねぎを炒める。
❸ブロッコリーとAを加え、かぼちゃがやわらかくなるまで弱火で煮る。
❹最後に生クリームを加え、ひと煮立ちしたら塩、こしょうで味を調える。

POINT ●遅い日の夕食にもオススメです！

たんぱく質 脂質 炭水化物

子どもの大好物コンビをひとつに！

ピリ辛唐揚げ温玉丼

みんな大好き唐揚げと、半熟の温泉卵で食が進みます。
糖質、脂質もしっかりキープ。

材料（4人分）

鶏むね肉…2枚（500g）
片栗粉…適量
温泉卵…4個

A しょうゆ…大さじ½
　マヨネーズ…大さじ½
　酒…大さじ½
　おろししょうが…小さじ½
　おろしにんにく…小さじ½
　塩、こしょう…各少々

B しょうゆ…大さじ2
　酒…大さじ1
　みりん…大さじ1
　砂糖…大さじ1
　水…大さじ4
　コチュジャン…小さじ1
サラダ油…大さじ2
ごはん…茶碗4杯分
白いりごま…適量

作り方

❶むね肉は皮をはがし、フォークで何カ所か刺し、繊維に沿って一口大のそぎ切りにする。
❷ボウルにAを混ぜて入れ、❶を15分つけてからとり出し、片栗粉をまぶす。
❸フライパンに油を熱し、ふたをして揚げ焼きにしたら、キッチンペーパーに上げ、油切りする。
❹フライパンにBを入れ、鶏肉を加えてたれを絡ませる。
❺器に温かいごはんを盛る。❹をのせてごまをふり、温泉卵を割り入れる。
＊お好みでレタスを添えて。

POINT ●少なめの油で揚げ焼きするのが、我が家流唐揚げです。ふたをして焼くと時短に！

少量でもエネルギーはフルにとれる

豚バラにんにく
～キウイ漬け～

脂質が多く、ふだんは敬遠されるバラ肉も、
時と場合によっては効果絶大。
食べる量が少なくてもエネルギー量を
補えるので最強です。

材料（4人分）

豚バラかたまり肉…700g
　｜ 塩、こしょう…各少々
　｜ 小麦粉…適量
キウイ…1個
　┌ しょうゆ…大さじ3
　｜ みりん…大さじ3
A　｜ 砂糖…大さじ1・½
　｜ オイスターソース…小さじ2
　└ おろしにんにく…小さじ½
サラダ油…少々

作り方

❶すりおろしたキウイに豚肉を一晩漬ける。

❷水で洗い流し、5mm厚さに切り、塩、こしょう、小麦粉をまぶす。

❸フライパンに油を熱し、❷を焼き、余分な油をキッチンペーパーでふき取る。

❹Aを混ぜ合わせて加え、肉に煮絡める。

＊水菜、スナップえんどう、トマトなどを付け合わせる。

> **POINT●**豚バラはキウイに一晩漬けることでやわらかく、さっぱりと仕上がります♪

具だくさんで1品でも満足！

クッパ風
野菜たっぷりスープ

汁けがあると具がのどを通りやすいので、
スープは食欲のないときに活躍します。

材料（4人分）

豚もも切り落とし肉…200g
大根…5cm（180g）
にんじん…3cm（30g）
玉ねぎ…½個（100g）
にら…1束（100g）
おろしにんにく…小さじ1
おろししょうが…小さじ1
もやし…1袋（250g）
水…4カップ
　┌ 顆粒鶏ガラスープの素
　｜ …大さじ1・½
A　｜ コチュジャン…大さじ1
　｜ しょうゆ…大さじ1
　└ 甜麺醤…小さじ2
塩、こしょう…各適量

作り方

❶豚肉は一口大に切る。大根、にんじんは短冊切りに、玉ねぎは薄切りに、にらは4～5cm長さに切る。鍋で肉、にんにく、しょうが、大根、にんじん、玉ねぎをよく炒める。

❷水を加えて野菜がやわらかくなるまで、アクを取りながら煮る。

❸Aともやしを加えてさらに煮込み、最後ににらを加え、塩、こしょうで味を調える。

> **POINT●**ごはんを入れれば、たくさん食べられなくても1品で栄養充分。炒めるときは油を使わず、豚肉の脂を利用してヘルシーに！

子どもからリクエスト殺到！
喜ばれレシピ

たくさんの人に食べていただき、喜ばれてきた大皿メニューです。
急な来客やおもてなしにも向く、ボリュームたっぷりのもの、
見た目が華やかなものもあります。みんな大満足間違いなしです♪

具の旨みが詰まった
大人気焼きそば！

大絶賛！ ウチの
あんかけ焼きそば

子どもたちから試合前にリクエストの多い
人気メニュー。
食べやすいあんかけがポイント。

材料（4人分）
豚もも切り落とし肉…250g
えび…小8尾
乾燥きくらげ…適量
白菜…¼個
玉ねぎ…½個
しいたけ…2個
にんじん…½本
うずら卵の水煮缶（8個入り）
　…2缶
さやえんどう…½パック
にんにくのみじん切り
　…1片分
しょうがのみじん切り
　…1かけ分

A ┌ 水…3カップ
　│ しょうゆ…大さじ4
　│ 砂糖…小さじ2
　│ 顆粒鶏ガラスープの素
　│　…小さじ2
　│ オイスターソース
　│　…大さじ1強
　└ 片栗粉…大さじ3

焼きそば…3〜4玉
ごま油…大さじ1
サラダ油…大さじ1
塩、こしょう…各少々

作り方
❶豚肉は食べやすく切る。えびは殻をむく。きくらげは水でもどし、小さく切る。白菜はそぎ切りに、玉ねぎ、しいたけは薄切りに、にんじんは半月切りに、さやえんどうはサッとゆでる。Aは合わせておく。

❷フライパンにごま油を熱し、にんにく、しょうがを炒め、香りが出たら豚肉を炒める。

❸白菜の芯、玉ねぎ、にんじんを加えて炒める。

❹にんじんがやわらかくなったら、白菜の葉、しいたけ、えび、きくらげを加えて炒め、Aを加えて、木べらでとろみが出るまで混ぜながら煮る。

❺うずら卵、さやえんどうを散らし、塩、こしょうで味を調えて火を止める。

❻別のフライパンにサラダ油を熱し、焼きそばを炒めて、皿に盛り、❺のあんをかける。

我が家の人気ナンバー1おかず！

お店に負けない
大人気麻婆豆腐

豆板醤と甜麺醤の合わせだれがきいた麻婆豆腐。
ごはんもしっかり食べられて、
手軽にエネルギー量とたんぱく質を確保できます。

材料（4人分）

絹ごし豆腐…1丁（300g）（水切り不要）	塩、こしょう…各少々
豚ひき肉…250g	A しょうゆ…大さじ2・½
豆板醤…大さじ1	顆粒鶏ガラスープの素…小さじ2
にんにくのみじん切り…1片分	砂糖…小さじ1
しょうがのみじん切り…1かけ分	水…1・¼カップ
甜麺醤…大さじ1・½	ごま油…大さじ1
酒…大さじ1	水溶き片栗粉…（片栗粉大さじ1＋水大さじ1）
	長ねぎのみじん切り…½本分

作り方

❶フライパンにごま油を熱し、豆板醤、にんにく、しょうがを入れて軽く炒めたら、ひき肉、ねぎの半量を加えて炒める。

❷甜麺醤、酒を加え、塩、こしょうをふる。

❸合わせておいたAを一気に加えて沸騰させ、食べやすく切った豆腐を加え、少し煮て水溶き片栗粉を入れてとろみをつける。

❹器に盛り、残りのねぎを散らす。

＊お好みでラー油をかけて。

> **POINT●** これは絶対本にのせてね！ っていうくらい、子どもたちの大大大好物！ 木綿豆腐を使用する場合、水の量は少し多めで作ってくださいね！

かたまり肉でど～んと豪華なおもてなし！

漬けて焼くだけ
チャーシュー

豚肉は、煮るとビタミンが流出してしまいますが、オーブンで焼けば効率よく摂取できます。

材料（作りやすい分量）

豚ももかたまり肉…700〜1000g	オイスターソース…大さじ1
A しょうゆ…60g	A おろししょうが…小さじ1
砂糖…50g	おろしにんにく…小さじ1
酒…大さじ2	
みりん…大さじ2	

作り方

❶ファスナー付き密閉ポリ袋にAを入れてよく混ぜ、豚肉を入れて、冷蔵庫で2〜3日寝かせる。1日1回はひっくり返し、たれを全体に絡める。

❷オーブンを200℃に予熱する。オーブン皿にアルミホイルを敷き、金網をのせてから豚肉をおく。

❸オーブンで35〜40分焼き、竹串を刺して透き通った汁が出れば出来上がり。粗熱が取れたら薄く切る。

＊サラダ菜、トマトなどを付け合わせる。
＊アルミホイルの端は折り込んでおくとたれがもれず、オーブン皿が汚れない。
＊焦げそうなら途中で上からアルミホイルをかける。

> **POINT●** お正月や行楽弁当、持ち寄りにも喜ばれます☆ 厚みのあるものは半分に切って使用すると、焼き時間の短縮になります。

素揚げの野菜がカラフルで魅力的！
超簡単♪ 定番スープカレー

カレー粉は食欲増進効果あり！
スープ状でさらっと食べられるのがポイント。

材料（4人分）
手羽元…12本
│ 酒…大さじ2
好みの具（じゃがいも、かぼちゃ、れんこん、
　　ピーマン、ゆで卵、ウィンナーソーセージ、
　　グリーンアスパラガスなど）…各適量

A │ バター…20g
　│ カレー粉…大さじ3
　│ カレールー…2かけ（40g）
　│ 乾燥バジル…大さじ2
　│ 玉ねぎのみじん切り…1個分

B │ トマト水煮缶…1カップ
　│ 顆粒鶏ガラスープの素…小さじ3
　│ 水…6カップ
　│ 顆粒コンソメスープの素…大さじ2
　│ おろしにんにく…小さじ½
　│ おろししょうが…小さじ½
　│ はちみつ…大さじ1
サラダ油…適量

作り方
❶手羽元は耐熱皿に入れて酒を回しかけ、ラップをして、600Wの電子レンジで7分ほど加熱する。
❷鍋にAの材料を入れ、カレールーが溶けるまで炒める。
❸❷の鍋に❶を汁ごとと、Bを加え、アクを取りながら30分ほど煮込む。
❹好みの具を素揚げする。
❺皿に手羽元をのせ、❸のスープをかけ、❹の具をのせる。

> **P O I N T** ●具は水っぽくないものならなんでも大丈夫です！　ごはんを山盛り食べる子どもたちに♡

たれが絶品！　お弁当にもいい！
きのこたっぷりミートボール

きのこを入れると旨みが加わります。
免疫力をアップさせる働きもあるので、たくさん入れて！

材料（30〜35個分）
豚ひき肉…400g
玉ねぎ…1個（200g）
にんじん…1本（90g）
えのきだけ…1袋
パン粉…½カップ
溶き卵…1個分
塩、こしょう…各少々
片栗粉…適量

A │ トマトケチャップ
　│ 　…大さじ6
　│ 中濃ソース
　│ 　…大さじ3
　│ 砂糖…大さじ1・½
　│ しょうゆ
　│ 　…大さじ½
　│ 水…大さじ2
揚げ油…適量

作り方
❶玉ねぎ、にんじん、えのきをすべてみじん切りにする。
❷ボウルにひき肉、❶、パン粉、溶き卵、塩、こしょうを入れてよく混ぜる。
❸❷を一口大に丸め、片栗粉を薄くつけ、熱した揚げ油でこんがり揚げる。キッチンペーパーに取り出し、油切りをする。
❹フライパンにAを入れ、ひと煮立ちさせて❸を加え、ソースを絡める。
＊水菜、ミニトマトなどを付け合わせる。

なめらかなじゃがいもがソースと絡む♪

マッシュポテトの
ミートグラタン

野菜もたっぷり入ったメイン級の1品。
オーブンは使わず、レンジで簡単調理！

材料（4人分）
〈マッシュポテト〉

じゃがいも…4個（400g）　　牛乳…¼カップ
バター…20g　　　　　　　　塩…少々

〈ミートソース〉

豚ひき肉…200g
おろしにんにく…小さじ½
えのきだけのみじん切り…½袋分
玉ねぎのみじん切り…½個分
にんじんのみじん切り…½本分（80g）

A
- トマトケチャップ…大さじ6
- 中濃ソース…大さじ2
- 顆粒コンソメスープの素…小さじ2
- 砂糖…小さじ½
- 水…大さじ4

小麦粉…大さじ1
ピザ用チーズ…適量
パセリのみじん切り…適量

作り方
❶ミートソースを作る。フライパンを熱し、ひき肉とにんにくを一緒に炒める。
❷にんじん、玉ねぎを加え、火が通るまで炒め、えのきも加えて炒める。
❸火を止め、小麦粉を加えて混ぜる。
❹Aを加え、再び火をつけて水分を飛ばす。
❺マッシュポテトを作る。じゃがいもは皮をむき、一口大に切る。水につけてアクを抜いたら、水けを切る。
❻耐熱皿に❺をのせ、ふんわりラップをして、600Wの電子レンジで7〜8分加熱する。竹串を刺してスーッと通るまでになったら、レンジから取り出して、スプーンなどでつぶす。
❼バター、牛乳を加えて混ぜ、塩を加える。
❽耐熱皿に❼、❹、チーズをのせる。電子レンジで2〜3分温め、チーズが溶けたらパセリを散らす。

> **POINT**●ミートソースは多めの分量になっています。余ったら冷凍保存して、パスタなどにアレンジしてね。

キャベツの甘みを味わえる絶品中華☆

ごはんおかわり必須！回鍋肉

野菜のおいしさが引き立つみそベースの味付け。
野菜嫌いの子どもでも食べやすいです。

材料（4人分）
豚もも薄切り肉…200g
- しょうゆ…小さじ1
- 酒…小さじ1

キャベツ
　…5〜7枚（350g）
ピーマン…2個
長ねぎ…½本

A
- 赤みそ…大さじ3
- しょうゆ…大さじ1・½
- 酒…大さじ1
- 砂糖…大さじ1・½
- 豆板醤…小さじ2

にんにくのみじん切り
　…1片分
しょうがのみじん切り
　…1かけ分
ごま油…大さじ½

作り方
❶豚肉は食べやすく切り、しょうゆ、酒で下味をつける。キャベツはざく切りに、ピーマンは乱切りに、ねぎは斜め薄切りにする。Aは合わせておく。
❷フライパンにごま油を熱し、にんにく、しょうがを炒め、香りが出たら豚肉をしっかり炒める。
❸切ったピーマン、ねぎ、キャベツを入れ、ざっと油が回ったらAを加えて全体を混ぜる。

＊合わせだれを加えたらフライパンを大きくふって混ぜ、サッと仕上げるのがコツ。

> **POINT**●あっという間にできちゃうので、忙しい日にはうれしい1品♡

たんぱく質 ビタミン類 ミネラル

特別な日にぜひ！
じっくり煮込んでおいしさを引き出して♡

愛されビーフシチュー

牛肉は鉄分豊富！ ビタミンCを含むじゃがいもと
合わせると、吸収力UP！
生クリームでコクをプラスして。

材料 (4人分)

牛肩ロースかたまり肉…500～700g
にんじん…1本 (90g)
玉ねぎ…1・½個 (300g)
じゃがいも…2個 (300g)
ブロッコリー…1株 (200g)
A ┌ トマト水煮缶…½カップ
　├ 赤ワイン…⅔カップ
　├ 水…2カップ
　└ ローリエ…1枚
デミグラスソース缶…1缶 (280g)
中濃ソース…大さじ2
トマトケチャップ…大さじ2
砂糖…小さじ1
にんにくのみじん切り…1片分
オリーブ油…大さじ1
塩、こしょう…各適量
生クリーム…適量

作り方

❶牛肉は一口大に切り、塩、こしょう
をふる。にんじんは乱切りに、玉ねぎ
はくし形に切り、じゃがいもは4等分
に切る。ブロッコリーは小分けにして
ゆでる。

❷フライパンにオリーブ油、にんにく
を入れて熱し、❶の牛肉を炒める。

❸鍋に❷、玉ねぎ、にんじんを入れ、
Aを加えてふたをし、肉がやわらかく
なるまで1時間ほど煮込む。

❹じゃがいも、デミグラスソース、中
濃ソース、ケチャップ、砂糖を加え、
さらに30分ほど煮込み、塩、こしょ
うで味を調える。

❺器に盛り、ブロッコリーを添え、生
クリームをかける。

＊圧力鍋を使うと時短になります

たんぱく質 ビタミン類 ミネラル

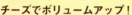

チーズでボリュームアップ！

チーズトマトのロールキャベツ

チーズのカルシウムをプラスして、栄養も食べ応えも満点です。

材料 (8～10個分)

キャベツ…8～10枚 (400g)
豚ひき肉…250g
玉ねぎのみじん切り…½個分 (100g)
A ┌ トマト水煮缶…2カップ
　├ 水…1カップ
　├ 顆粒コンソメスープの素
　│　…大さじ1
　├ トマトケチャップ…大さじ1
　└ 砂糖…小さじ½

牛乳…¼カップ
塩、こしょう
　…各適量
バター…10g
玉ねぎの薄切り
　…½個分
ピザ用チーズ…適量
パセリのみじん切り
　…適量

作り方

❶キャベツの芯は取り除き、みじん切りにして水けを絞
る。葉はゆでておく。

❷ボウルにひき肉、玉ねぎのみじん切り、❶のキャベツ
の芯、塩、こしょうを入れ、よく混ぜて8～10等分に
丸める。

❸キャベツの葉を広げ、❷を包む。

❹大きめのフライパンにバターを熱し、玉ねぎの薄切り
を炒め、その上に❸を敷き詰める。

❺Aを加えて40分、ふたをして煮込む。

❻キャベツがやわらかくなったら牛乳を加え、塩、こ
しょうで味を調える。チーズをたっぷりかけ、溶けたら
器に盛り、パセリを散らす。

ダマにならない簡単ホワイトソースがクリーミー！

失敗なし！
不動のマカロニグラタン

カルシウム豊富な牛乳に、ビタミンDのきのこを加えて吸収をよくします。マカロニで炭水化物もしっかりとれます。

材料（4人分）
マカロニ…30g
ベーコン…2～3枚
玉ねぎ…½個
しめじ…½パック
バター…30g
小麦粉…大さじ3

ピザ用チーズ…適量
牛乳…3カップ
顆粒コンソメスープの素
　…小さじ1・½
塩…少々
パセリのみじん切り
　…適量

作り方
❶しめじは小房に分け、玉ねぎは薄切りに、ベーコンは2cm幅に切る。マカロニはゆでる。
❷フライパンにバターを熱し、❶の玉ねぎ、ベーコン、しめじをよく炒める。
❸火が通ったら火を止め、小麦粉を加えて混ぜる。
❹牛乳、マカロニ、スープの素を入れて再び火にかける。中火にし、木べらでとろみがつくまでのばすように混ぜる。途中で弱火にして塩を加え、味を調える。
❺耐熱皿に❹を入れて、チーズをのせ、オーブントースターで焼き、チーズが溶けたらパセリを散らす。

POINT ●小麦粉を入れるとき、いったん火を止めて混ぜるとダマになりません。

マスタードが決め手！

やわらかチキンと
ポテトのチーズ焼き

マヨネーズと牛乳を合わせたソースで、軽い仕上がりにしました。

材料（4人分）
鶏むね肉
　…1枚（300g）
　砂糖…小さじ1
　塩、こしょう
　　…各少々
　小麦粉…適量
じゃがいも
　…小2個（120g）
玉ねぎの薄切り
　…½個分（100g）

ピザ用チーズ…適量
A｜マヨネーズ
　　…大さじ2
　粒マスタード
　　…大さじ1
　牛乳…大さじ1
にんにくのみじん切り
　…1片分
オリーブ油…少々
パセリのみじん切り
　…適量

作り方
❶むね肉は皮をはがし、フォークで何カ所か刺して砂糖を両面にもみ込み、15分ほどおく。繊維に沿って1cm幅にそぎ切りにし、塩、こしょうをふって、小麦粉をまぶす。
❷じゃがいもは皮つきのままきれいに洗い、ラップをかけ、600Wの電子レンジで5～6分くらい加熱し、5mm幅に輪切りにする。
❸フライパンにオリーブ油を熱し、鶏肉を両面焼いて取り出す。
❹❸のフライパンで、にんにく、玉ねぎを炒め、上にじゃがいもと鶏肉を交互に並べる。Aを混ぜたものをかけ、チーズをのせる。
❺ふたをして、チーズが溶けたら火を止め、パセリを散らす。

献立
組み換え表

今までご紹介したレシピを組み合わせて、別の献立を考えてみました！

献立を立てるにあたっては、子どもに今どんな食事が必要かを見極めることが大切です。私はいつも、献立と使う食材をすべて書き出して、全体のバランスや味付けなどを確認しています。さらに、1献立30分くらいで作れるように、調理法を考えています。

また、アスリート＝プロテインと考えがちですが、私はふだんの食事でしっかりたんぱく質をとることを優先させています。

適切な栄養のとれる献立作りは何より大事。一緒に頑張りましょ♪

勝利を目指して！ シーズン真っ最中編

	月	火	水
	ワンプレートにして見ためも喜んでもらいたい♪	昨日が洋食だったから、今日は和食でバランスを考えました！	今日から土曜日の試合にむけてエネルギーを蓄えていくよ！
主食	カレーピラフ →P66	・ごはん	・ごはん
メイン	鶏肉のマスタードオーブン焼き →P27	さんまのしょうが煮 →P27	鶏肉のみそバタ焼き →P19
サブ	さつまいものミルク煮 →P29 ブロッコリーと卵のナッツサラダ →P83	えびと豆腐の塩あんかけ →P13 ごぼうのごま絡め →P30 鉄分たっぷりとまらんマヨサラダ →P41	かぼちゃとブロッコリーのヨーグルトあえ →P11 あさりとほうれん草のレモンパスタ →P73
汁・果物	キャベツのにんにくスープ →P37	・みそ汁 （わかめ、ねぎ、大根、にんじん）	

土曜日の試合に向けた1週間の献立です。
月、火はビタミン、ミネラルをしっかり組み込み、体調を整えます。
試合3日前になる水曜日からはガラッと変え、
糖質量を上げてエネルギー重視に。
試合前日は炭水化物をたっぷり、試合後は速やかに疲労回復できる献立に！

木	金	土	日
朝から元気がなかったから、大好物を集めて気持ちを高めたい！	練習後、いつもより帰宅が遅くなった日。炭水化物をしっかり食べて。	納得のいかない試合…。落ちこんでいても食べやすい＆食欲がわく献立に。	次に向けて気持ちを切り替えるため、豆板醤や甜麺醤を使って食欲増進！
鮭いなり寿司 →P76	定番スタミナ丼 →P92	・ごはん	・ごはん
大絶賛！ウチのあんかけ焼きそば →P95	あさりのにゅうめん →P71	BBQチキン →P23	お店に負けない大人気麻婆豆腐 →P96
じゃがいものタラモピザ →P43	はるさめ中華風サラダ →P59	ツナとひじきのごま酢あえ →P13 ほうれん草のさっぱりサラダ →P49 豆腐がんも →P87	アボカドのクリチ春巻き →P15 小松菜のねぎナムル →P51
		食べるかぼちゃスープ →P93 ・オレンジ	わかめスープ →P83

食べることを楽しむ！ オフシーズン編

	月	火	水
	カルシウム＆たんぱく質いっぱいの献立。子どもが喜ぶ鉄板メニュー！	和食も大切！しっかり食べてね。	絶対喜ぶ組み合わせ！炊飯器やレンジ調理でラク旨献立♡
主食	・ごはん	・ごはん	炊飯器DEえびピラフ →P37
メイン	チーズトマトのロールキャベツ →P99	鮭のみそマヨ焼き →P25	豆腐ナゲット →P28
サブ	サラダチキン →P24　野菜を増やしてサラダにしてね！　失敗なし！不動のマカロニグラタン →P100	具だくさん巾着 →P17　大根の一夜漬け →P32　にらともやしの韓国風ナムル →P73	キャベツのさっぱりサラダ →P45　マッシュポテトのミートグラタン →P98
汁・果物	大根としいたけのスープ →P47	鶏団子の塩スープ →P89	チキンのトマトカレースープ →P92

この時期は食事を楽しみながらも、きちんと体調と体重管理をすることが大切です。
オフシーズンとはいえ、食生活を乱すのはNG！
次のシーズンに向けてベストなコンディションにもっていくためには、
ふだんから栄養に気を配った食事をするよう習慣づけること。
子どもの好きなものばかりの日や、外食気分の日など変化にとんだ献立に。

木	金	土	日
野菜もしっかり食べてほしいな！ピリ辛で食欲UP♪	ちょっと楽したいから、パパッとできる料理の組み合わせ。	我が家に子どもの友だちが遊びに来た！いっぱい食べて帰ってね。	今日は特別な日！バゲットに合うメニューで外食気分♡
・ごはん	かに卵あんかけオムライス →P63	・ごはん	・バゲット
鶏肉のみそスイチリソース →P26	豚にらレモンペッパー →P26	豚バラにんにく〜キウイ漬け〜 →P94 添えてね！ 半熟卵 →P32	愛されビーフシチュー →P99
なすの南蛮漬け →P11 切り干し大根のゆずこしょうサラダ →P13 れんこんとひじきのピリ辛炒め →P51	切り干し大根とわかめのめんつゆあえ →P17 きゅうりの即席漬け →P32 もやしとささみのナムル →P83	かぼちゃグラタン →P47 ごはんおかわり必須！回鍋肉 →P98 彩り野菜とたこのサラダ →P15	ポテトピザ →P77 ヨーグルトのごまドレサラダ →P81
・みそ汁（じゃがいも、しめじ、玉ねぎ、わかめ）			

こんな組み合わせも
オススメ！

試合前

明日の試合は朝イチだ！炭水化物満点に♡

野菜たっぷり
ちょい辛はるさめスープ

→P61

はるさめを
うどんに
替えてね！

にんにく肉じゃが

→P85

大人気！鶏めし

→P74

練習でいっぱい走ったから破壊された鉄分を補いたい！

牛肉のカラフル野菜炒め

→P41

丼にして
目玉焼きを
のせて♪

マスタード
ポテトサラダ

→P21

じょうがうどん

→P67

おなかぺこぺこ！がっつり食べたい気分♪

水菜とベーコンの
スープパスタ

→P69

ピリ辛唐揚げ
温玉丼

→P93

かぼちゃとブロッコリーの
チーズ焼き

→P71

ズルズルすすれるラーメンで疲れていても食べやすい！

豚なすピーマンの
コチュ炒め

→P24

ラーメンにして
食べてね♪

クッパ風
野菜たっぷりスープ

→P94

マカロニポテトサラダ

→P61

試合後

疲れをとる＆エネルギー増の連戦頑張れ献立！

旨みたっぷりあさりの
キムチスープ

うどんを
入れて
アレンジして！

→P45

まるごと
ポテトグラタン

我が家の焼肉だれDE
肉巻きおにぎり

→P37

→P74

笑顔いっぱいの試合結果♪子どもに人気な筋肉補強メニュー！

豆腐ロコモコ丼の
ハンバーグ

ハンバーグ＆
ソースのみで
めしあがれ♪

→P57

ノンバターの
クラムチャウダー

→P35

大根と水菜のしらすサラダ

いかのマリネ

→P11

・ごはん　・りんご

→P41

梅やネバネバ食材でとにかく疲れを回復！

鮭とじゃがいもの
ガリバタ炒め

れんこんとひじきの
たらマヨ

→P13

→P31

ほうれん草としめじの
梅おかかあえ

まぐろのネバネバ
ばくだん

→P43

→P87

・ごはん
・みそ汁(高野豆腐、ねぎ、ふのり)
・グレープフルーツ

カレーの香りで食欲促進！食欲がなくてもしっかり食べて！

超簡単♪
定番スープカレー

→P97

トマトの
オニオンサラダ

・ごはん
・キウイ、りんご

→P87

素材別インデックス

おわりに

数年前、マイナスなことばかり考えてしまう時期がありました。
2人の子どもがサッカーを真剣に頑張るようになったころ、息子に、いつどのようなものを食べたら効果的かを教えると、とても喜んでくれたのがきっかけで、私は食を通して、サッカーを頑張る子どもたちの、体づくりのサポートをしていこうと決心し、マイナスな状態から立ち直ることができました。今しかしてあげられないことを精一杯やろう。できるときに、できることを、できるだけしてあげよう。そう心に決めたのです。
今の食生活は子どもたちの将来に必ず役に立ち、財産になると思っています。この本が皆さまの献立作りに、そしてお子さんの健康でたくましい体づくりに、少しでもお役に立てれば幸いです。

最後に、ブログを毎日見に来てくださる、とっても温かい読者の皆さま、そしてお声かけくださったKADOKAWAのみなさまに、心から感謝いたします。
そして、子どもたちがいなければ、今の私はいませんでした。子どもたちへ……ありがとう!

はるはる

STAFF
調理再現 樋口秀子(1章、2章、3章、4章)
調理再現アシスタント 野島葉子、森下節子
撮影 高木昭仁(1章、2章、3章、4章)、はるはる
スタイリング すずき尋巳
デザイン 岡 睦、郷田歩美(mocha design)
ライティング 細川潤子
栄養監修 森下節子
DTP アーティザンカンパニー
校正 東京出版サービスセンター
協力 HMH 合同会社

スポーツを頑張る子どもにエール！

はるはるママの 栄養満点ごはん

2016 年 4 月 22 日　初版発行
2024 年 8 月 5 日　12版発行

著　者　　はるはる

発行者　　山下直久
発　行　　株式会社 KADOKAWA
　　　　　〒 102-8177 東京都千代田区富士見 2-13-3
　　　　　TEL：0570-002-301（ナビダイヤル）
印刷・製本　株式会社広済堂ネクスト

ISBN 978-4-04-068358-4　C2077
ⓒ Haruharu 2016
Printed in Japan
http://www.kadokawa.co.jp/

●お問い合わせ
https://www.kadokawa.co.jp/
（「お問い合わせ」へお進みください）
＊内容によっては、お答えできない場合があります。
＊サポートは日本国内のみとさせていただきます。
＊ Japanese text only